인물 도서관
조지 워싱턴

구텐베르크의 전기 총서 『인물도서관』

한 사람의 삶은 하나의 도서관이다!

우리는 살아가면서 수많은 경험을 하고, 그 경험은 한 권 한 권의 책처럼 우리 안에 쌓여갑니다. 흥미진진하고 감동적인 소설책 같은 이야기도 있고, 웅장하고 거대한 서사가 담긴 영웅담 같은 이야기도 있으며, 지독히도 어렵고 난해한 학술서 같은 이야기도 있을 것입니다. 기쁨, 슬픔, 사랑, 분노, 성공, 실패 등 다양한 감정과 기억들이 우리라는 하나의 도서관을 빼곡히 채웁니다.

구텐베르크의 전기 총서 『인물도서관』은 '한 사람의 삶은 하나의 도서관이다!'라는 모토에서 시작된 시리즈입니다. '아프리카의 현자'로 불리는 소설가 아마두 함파테바도 1962년 유네스코 연설에서 "노인 한 사람이 죽는 것은 도서관 하나가 불타 사라지는 것이다"라고 말한 바 있습니다. 한 사람의 생애사를 이해하는 것은 인물도서관이라는 독특한 도서관에 꽂힌 다양한 분야의 책들을 읽는 것과 같습니다.

구텐베르크의 전기 총서 『인물도서관』은 세계사를 빛낸 역사적 인물들을 추려 한 인물의 삶을 하나의 도서관으로 설정하고, 그 인물에 관한 이야기를 도서분류체계인 십진분류법에 따라 구성합니다. '000 총류, 100 철학, 200 종교, 300 사회과학, 400 자연과학, 500 기술과학, 600 예술, 700 언어, 800 문학, 900 역사'라는 분류법을 따라 생애사를 읽다 보면, 한 사람의 삶이 얼마나 복합적이고 다면적인지 새삼 깨닫게 됩니다. 읽고 싶은 이야기를 한 자리에서 모두 읽을 수 있는 도서관처럼, 한 권의 책으로 역사적 인물의 이모저모를 알 수 있는 『인물도서관』으로 독자 여러분을 초대합니다.

contents

연표
지도로 보는 조지 워싱턴의 행적

000 총류

030 백과사전
조지 워싱턴의 프로필

100 철학

180 심리학
조지 워싱턴의 심리 분석

200 종교

200 종교 일반
워싱턴 가문과 성공회 신앙

300 사회과학

300 사회과학 일반
조지 워싱턴을 건국의 아버지로 만든 사회

340 정치학
조지 워싱턴의 정치 사상

380 풍습, 예절, 민속학
워싱턴의 일상과 18세기 북아메리카 풍경

400 자연과학

400 자연과학 일반
조지 워싱턴이 살던 시대의 자연과학 발전 상황

500 기술과학

500 기술과학 일반
　　조지 워싱턴이 살던 시대의 기술과학 발전 상황

510 의학
　　조지 워싱턴이 살던 시대의 의학 발전 상황

600 예술

600 예술 일반
　　예술 속 조지 워싱턴의 모습

700 언어

704 강연집, 수필집
　　조지 워싱턴의 어록

800 문학

800 문학 일반
조지 워싱턴이 사랑한 문학작품들

900 역사

900 역사 일반
조지 워싱턴이 세계사에서 갖는 의미

조지 워싱턴의 영향력 평가
사서의 북 큐레이션

조지 워싱턴 연표

1732년	버지니아 식민지 웨스트모어랜드 카운티에서 출생
1752년	버지니아 민병대에 임관
1754 ~ 1758년	프렌치-인디언 전쟁에 참전하여 군사 경험 축적
1774년	버지니아 대표로 제1차 대륙회의 참석
1775년	대륙회의에서 대륙군 총사령관으로 임명
1781년	요크타운 전투 승리로 영국군 항복 이끌어냄
1783년	파리조약 체결, 미국 독립 확정 주요 역할 수행
1787년	필라델피아 헌법제정회의 의장 맡아 새 헌법 채택 주도
1789년	초대 미국 대통령 취임
1797년	대통령직에서 물러나 마운트버넌으로 귀향
1799년	버지니아 마운트버넌 자택에서 별세

세계사 연표

1740년	오스트리아 왕위 계승 전쟁 발발
1756 ~ 1763년	유럽 7년 전쟁 전개
1776년	미국 독립선언 발표
1783년	미국 독립 승인한 파리조약 조인
1789년	프랑스혁명 시작
1792년	프로이센-오스트리아 연합군과 프랑스 간 혁명전쟁 가속
1793년	루이 16세 처형, 유럽 제후국들과 프랑스의 대립 심화
1795년	폴란드 제3차 분할로 유럽 지도 재편
1799년	나폴레옹, 브뤼메르 18일 쿠데타로 실권

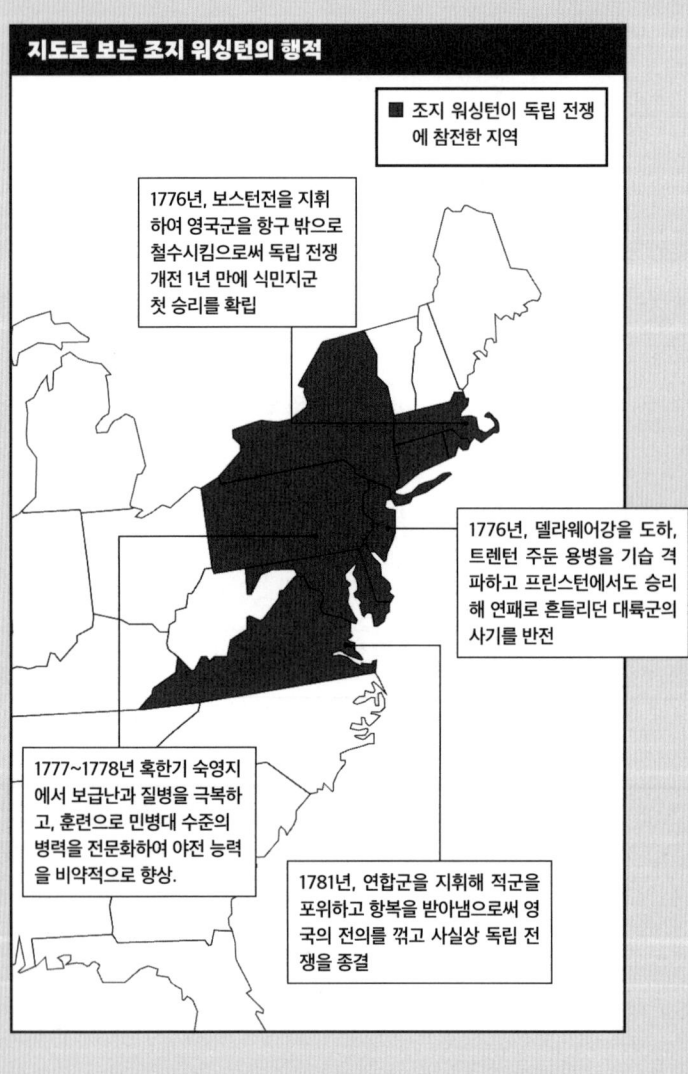

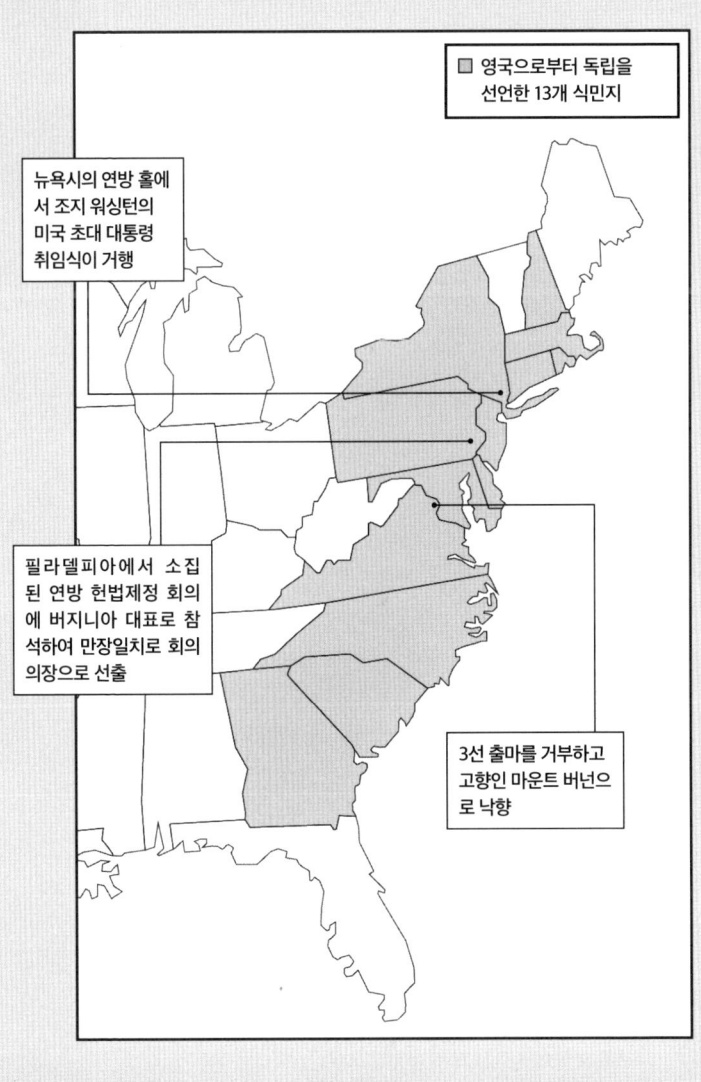

일러두기

- 인·지명, 기관·단체명, 간행물 제목, 주요 개념 등은 국립국어원 외래어 표기법을 따랐으며, 몇몇 경우에는 원어 발음에 가깝게 표기했다. 인명의 경우 생몰년을, 기관·단체명의 경우 원어를 병기했으며, 몇 가지 용어와 개념 옆에도 필요시 원어를 병기했다.

- 단행본은 『 』, 법령·기고문·개별 장은 「 」, 신문과 정기간행물은 《 》, 영화·다큐멘터리·노래·그림·사진·희곡·단편시는 〈 〉로 구분했다.

- 본문의 이해를 돕기 위해 저자가 추가한 내용은 본문 속 괄호로 표기했다.

- 본문에서 소개하는 문헌 중 국내에 번역되어 출간된 것은 국역본의 제목만 제시했고, 국역본이 없는 경우 원서 제목을 번역하고 원어를 병기하거나 원서명을 그대로 적었다.

- 본문에 실린 도판은 모두 퍼블릭 도메인이다.

000

총류

George Washington

030 백과사전
조지 워싱턴의 프로필

출생 1732년 2월 22일

사망 1799년 12월 14일 (67세)

본명 조지 워싱턴
(George Washington)

출신 영국령 북아메리카 버지니아 식민지 웨스트모어랜드 카운티에서 출생

국적 영국령 버지니아 식민지(출생 시),
미국(독립 후)

직업 군사 지도자, 정치인, 대농장주,
독립운동가, 초대 미합중국 대통령

활동 시기 1752년(버지니아 민병대 임관)부터 1799년 사망 시점까지

활동 지역 주로 북아메리카 13개 식민지(버지니아, 펜실베이니아, 뉴욕 등)와 신생 미국 전역

저서 직접 저술한 단행본은 없으나, 다수의 서신·일기·공식 연설문을 남김. 주요 문헌으로 편집된 『조지 워싱턴 서한집』, 『고별사』, 군사 기록인 『버지니아 측량 답사 일지(Journal of My Journey over the Mountains)』 등이 전해짐

상훈 대륙회의의 공식 감사와 칭송 결의(1776~1783), 미국 의회 금메달(1776년 결의), 하버드 대학 명예법학박사(1776년). 사후(1870년대) 미국 육군 대원수(General of the Armies) 추서 논의, 1976년 미국 건국 200주년 기념으로 미 의회가 공식적으로 육군 대원수 칭호를 부여함

별명 '미국의 국부'(Father of His Country)

주요 활동

- 프렌치-인디언 전쟁에서 영국군과 협력하는 버지니아 식민지 민병대 지휘관으로 참전하여 군사 경험 축적
- 버지니아 대표로 제1차(1774), 제2차(1775) 대륙회의 참석하여 영국 과세 정책 반대 및 독립 의지 표명
- 1775년 대륙회의에서 대륙군 총사령관으로 임명, 트렌턴·프린스턴 전투 승리로 전세 역전
- 프랑스와의 동맹으로 요크타운 전투(1781)에서 승리하여 영국군 항복을 이끌어 미국 독립전쟁의 결정적 승리를 거둠
- 전쟁 종전 후인 1783년 군 지휘권을 의회에 반납하여 군사 독재 가능성을 차단, 1787년 헌법제정회의 의장으로서 미국 헌법 탄생에 크게 기여
- 1789~1797년 초대 미국 대통령(두 차례 임기)으로 재임하면서 연방정부 조직 및 국가 재정의 기틀 마련, 영·프 전쟁 중 엄정한 중립외교 노선 유지
- 두 번의 대통령 임기를 마친 후 자진 퇴임, 권력

의 평화적인 이양 선례를 남기며 고향인 마운트 버넌 농장으로 귀향
- 고별사(Farewell Address, 1796)를 발표하여 정파 갈등의 위험성과 외국과의 동맹 체결에 신중할 것을 강조, 미국 공화주의의 표본으로 평가됨
- 1799년 사망 후에도 '건국의 아버지'로 추앙받으며 미국 민주주의 전통의 상징적 존재로 자리매김함

100

철학

George Washington

180 심리학
조지 워싱턴의 심리 분석

호기심과 '측량가 정신'
미지의 공간을 향한 내적 추진력

조지 워싱턴은 어릴 때부터 광활한 북아메리카 대지에 대한 호기심으로 가득 찬 인물이었다. 버지니아의 안락한 삶을 뒤로한 그는, 부모로부터 물려받은 토지에 만족하는 대신 스스로 서부 변방으로 나섰다. 누구도 쉽게 발 디디지 않던 척박한 땅을 향해, 그는 기꺼이 몸을 던져 직접 측량하고 개척하며 자신의 길을 개척해 나갔다.

워싱턴이 열여섯 살이던 1748년, 그는 페어팩스

대령의 후원을 받아 블루리지 산맥 서쪽 경계로 첫 측량 여행을 떠났다. 아직 영국령 버지니아 식민 정부가 정확히 파악하지 못한 국경 지대를 발로 누비며, 워싱턴은 이틀에 한 번꼴로 야영지의 위도·경도 등의 위치를 꺾은선으로 옮겼다. 다음 해 컬페퍼 카운티*의 공인 측량사 자격증을 취득하자마자 그는 애팔래치아 산맥을 넘어 카카폰 강 상류 일대를 연속 조사했다. 냉혹한 자연 환경도 그를 주저앉히지 못했다. 폭우 속에서 종이 지도를 지키려 말안장에 기름천을 덮고, 눈발이 쌓이면 자신이 직접 쌓은 돌탑을 표석 삼아 궤적을 이어 갔다. 이처럼 실측과 기하학 계산을 결합해 만든 그의 지도 상당수는 오늘날 워싱턴 D.C.의 국립문서보관소에 보관되어 있으며, 계곡과 수계(流系) 배치가 현대 위성 영상과 큰 오차 없이 겹친다.

1753년, 21세의 워싱턴은 버지니아 총독의 특사 자격으로 혹독한 겨울 산행 끝에 프랑스 요새까지 항

---

* 영어권에서 쓰는 주 산하의 시, 읍, 면 등을 묶은 지역 구분 단위이며, 1주 안에서 가장 작은 행정 단위이다.

의 서한을 전달했다. 이때 그는 낯선 원주민 영토, 얼어붙은 강, 부족한 보급품 등 공포와 불확실성의 총체를 경험한다.

이처럼 낯선 지역과 거친 지형을 돌아다니며 강과 산을 가로질렀을 때, 추위와 폭우, 식량 부족을 겪는 일은 다반사였지만, 결코 그의 발걸음을 멈추지 못했다. 오히려 그는 이 땅을 직접 보고 측량해야 진정한 미래를 설계할 수 있다는 신념으로 스스로를 북돋우었다.

이러한 과감한 행동의 이면에는 '내가 해야 할 일이 무엇인가'를 일찌감치 깨달은 확고한 자아 정체성이 있었다. 이른 나이에 아버지를 잃고 가장으로서 많은 책임을 지게 되었지만, 이러한 환경이 그를 더 강인하고 현실감 있는 지도자로 성장시켰다. 주변의 우려와 달리, 워싱턴은 험한 길일수록 직접 밟아 보고 나서야 비로소 알 수 있다는 기조로, 서부 개척지 곳곳을 몸소 누비며 경험을 쌓았다.

그림 1. 측량사로 일하는 소년 워싱턴
헨리 힌터마이스터, 〈조지 워싱턴, 측량사〉, 1948. 유채

깊은 숲 속을 횡단하며
책임을 지고 성장한 신임 민병대 지휘관

이처럼 오하이오 강 유역을 누비며 프랑스 전초기지와 델라웨어 등 원주민 부족의 세력 지리를 직접 확인한 경험은, 곧 프렌치-인디언 전쟁*(1754~1763)의

---

* 오하이오강 유역 지배권을 둘러싼 북미 식민 패권 다툼으로, 원주민 여러 부족의 이해관계까지 얽히며 영국과 프랑스가 충돌한 전쟁이다. 전쟁 과정에서 버지니아 민병대 장교 조지 워싱턴이 실전 경험을 쌓아 훗날 대륙군 총사령관으로 성장할 군사 기반을 확보했고, 전쟁 뒤 영국이 전비 충당을 위해 식민지에 부과한 각종 세금과 규제가 강한 반발을 불러와 미국 독립혁명의 불씨가 되었다.

도화선 속으로 워싱턴을 소환했다. 프렌치-인디언 전쟁 당시, 워싱턴은 초보 지휘관으로 버지니아 광야의 변방으로 파견되며 막중한 책임감을 느꼈다. 그는 1754년 겨울, 미지의 땅에 발을 디디며 대원들의 열악한 실태에 놀랐다. 복장이 갖추어지지 않은 채 참가한 민병대는 대부분 집도 없고 나태한 사람들이었으며, 많은 이들이 신발과 옷조차 부족해 혹독한 날씨에 노출되었다고 기록되었다. 워싱턴은 그런 처지에서도 부대의 결속을 강조하며, 간부들 간 불화를 경계했다. 그는 지휘관으로서 사기가 분열되는 것을 막고 모든 병사가 소중히 여겨져야 한다는 점을 수차례 강조했다.

평원에서 벌어진 몇 차례의 교전 이후 워싱턴은 깊은 좌절을 맛보았다. 프렌치-인디언 전쟁 초기 전투에서 승리의 감각을 누렸으나, 이어진 저격과 함정에서 패퇴하며 위기감을 체감했다. 그는 물웅덩이와 진창 속에서 부대가 고립되자 자신의 노력에도 불구하고 불운한 상황이 모든 것을 불리하게 만들었다고 토로했다. 이어진 브래독 원정[*]에서는 정예 영국군의 전열이 무너지는 광경을 목격했다. 워싱턴은 해당 전투에서 정규군은 상상할 수 없을 만큼 비겁하게 행동했다며 분노를 표출했으며, 주저앉은 부관들을 대신해 명령을 전달해야 했다. 이때 그는 심한 병환 끝에 겨우 기력을 회복했으나, 여전히 체력이 미약한 상태였다. 이러한 시련 속에서 워싱턴은 점차 굳은 책임감을 갖춘 지도자로 성장해 갔다. 그는 자신의 병사들에게만 엄격한 기준을 들이대지 않았다. 예컨대 총독에게 보낸 편지에서 식민지 병사들도 왕을 섬길 정신은 똑같이 가지고 있으며 목숨 바칠 각오 역시 같다고 주장하며 군내 문화적 차이를 뛰어넘을 책임을 강조했다. 또한 워싱턴은 부족 추장들에게서 지혜를 배우는 것의 중요성을 알고, 원주민과의 관계를 정교히 다졌다. 나아가 그는 통치자의 훈장을 목에 걸고 부족장에게 선물함으로써 외교의례를 중시했으며,

---

* 1755년 프렌치-인디언 전쟁 초기, 에드워드 브래독 장군이 듀케인 요새(현 피츠버그)를 공격하려다 프랑스-원주민 연합군의 기습으로 대패하며 전사했다.

이러한 경험들이 장차 진정한 통솔자로 거듭나기 위한 밑거름이 되었다

공화주의를 향한 이상주의
법과 제도로 꿈을 실현하려 했던 실천가

1763년 파리조약으로 프렌치-인디언 전쟁이 막을 내리자 영국 의회는 설탕법(1764)과 인지세법(1765)으로 식민지에 전비를 떠넘겼다. 버지니아의 지주이자 전직 민병대 장교였던 조지 워싱턴은 이를 식민지인들의 권리 침해로 보았다. 전쟁터에서 그는 무장만으로는 공동의 자유를 지킬 수 없음을 깨달았기에, 곧장 의회 정치와 법적 절차로 싸움을 옮겼다. 그는 버지니아 하원에서 인지세 반대 결의안을 지지하고, 청원과 불매와 같은 같은 합법적 수단으로 제국 권력을 압박했다.

1767년 타운젠드법*으로 규제가 확대되자 그는 조지 메이슨과 함께 1769년 버지니아 협회를 주도해

---

* 영국 재무상 찰스 타운젠드 주도로 차·유리·페인트·종이 등 식민지 수입품에 관세를 부과한 일련의 법령

영국 상품의 대대적인 불매 운동을 벌였다. 이는 사적인 폭력 대신 시장 규범과 조세권 거부를 이용한 조직적 저항으로, 법과 제도로 공공선을 실현한다는 그의 공화주의 구상을 실천에 옮긴 사례였다. 나아가 1774년 페어팩스 결의안에서 그는 식민지의 권리를 영국 시민권과 동일한 법적 지위로 격상시키자는 논리를 펼쳤다. 필라델피아 회의에 대표로 참여한 워싱턴은 무력 대신 제도 개혁을 우선하자고 주장했다.

그러나 같은 해 보스턴 차 사건*에 대한 보복으로 영국이 강압법(Intolerable Acts)을 제정해 매사추세츠의 자치권을 박탈하자, 식민지 사회는 법적 항의의 수단 자체를 잃었다. 1775년 4월 독립 전쟁의 시작을 알린 렉싱턴-콩코드에서 첫 총성이 울린 뒤에도 워싱턴은 폭거에 맞서는 방어적 무장을 권리 회복의 연장선으로 규정했다. 그는 제2차 대륙회의에서 독립 전쟁을

---

* 북아메리카의 애국 급진파 단체인 자유의 아들들이 보스턴 항 영국 상선 3척의 동인도회사 차 342상자를 바다에 투척한 항의 행동으로, 1773년 제정된 차세(Tea Act)에 대한 반발에서 비롯되어 영국의 보스턴 항 봉쇄 등의 내용이 담긴 강압법을 촉발하고 결국 미국 독립 전쟁의 도화선이 되었다.

위한 대륙군의 총사령관으로 선출되었지만, 목표를 자유로운 입법과 공정한 사법, 그리고 대표성을 보장하는 새로운 질서를 세우는 것이라 여긴 것이다.

공화국의 자유를 위해
스스로를 버린 칼

1775년 6월, 독립 전쟁을 위한 대륙군 총사령관으로 만장일치로 추대되자 의회는 워싱턴을 위한 급료를 책정했지만, 그는 사양하고 전쟁이 끝난 뒤 경비만 정산해 달라는 짤막한 답신으로 응답했다. 실제로 8년 동안 그가 의회에 제출한 혁명전쟁 경비 장부는 약 66쪽 분량, 총액 160,074달러(당시 은화 기준)로 집계되며, 항목 대부분이 식량·의복·군수품·행정 출장비였다. 군자금이 바닥나면 그는 개인 신용을 이용해 단기간 차입하거나 사비를 선지출했다.

겨울 혹한과 질병은 물질적 부담 못지않게 혹독했다. 1777~1778년 밸리 포지 주둔기, 워싱턴은 지역의 석조 민가 전체를 본부로 빌려 쓰면서도 수시로 야전 병영을 순시해 장병을 독려했다. 당시 약 1만 1,000명이 머물렀고 그중 1,700~2,000명이 티푸스·폐렴 등으로 목숨을 잃었지만, 지속적 위문 및 위생 감독과 프리드리히 빌헬름 폰 슈토이벤의 훈련 체계 덕분에 대규모 이탈은 막을 수 있었다.

종전 뒤 자기희생은 절정에 이른다. 1783년 12월 23일 메릴랜드 애나폴리스 주의사당에서 그는 푸른색 군복과 소형 장검 차림으로 짧은 연설을 통해 국민께 위임받은 권한을 국민께 반환한다고 선언하고 지휘권을 내려놓았다. 감사 표결 직후 의회는 보상을 권했지만 그는 정중히 사양했고, 다음 날 소수의 수행원만 데리고 마운트버넌으로 귀향했다. 이 소식을 들은 영국 국왕 조지 3세는 워싱턴이 정말 권력을 포기한다면, 그는 세상에서 가장 위대한 인물이 될 것이라고 평했다. 워싱턴에게 열정이란 섬광이 아니라, 재산과 명예를 뒤로한 채 지속적으로 타오르는 조용한 불꽃이었다.

독립의 승리를 위해
얼음강을 깨고 포문을 연 결단가

1776년 말, 식민지의 독립 전쟁은 풍전등화였다. 뉴욕과 뉴저지 일대에서 연패한 뒤 대륙군은 5천 명도 못 되는 초췌한 병력으로 델라웨어 강가에 몰려 있었고, 12월 31일이면 병사 계약이 대거 만료될 예정이었다. 런던과 뉴욕의 영국 지휘부는 반란은 거의 끝났다는 보고를 주고받을 만큼 사기가 꺾여 있었다.

워싱턴이 반격 대상으로 고른 곳은 뉴저지 강변의 작은 마을 트렌턴. 이곳에는 영국이 고용한 독일계 용병(통칭 '헤센') 1천 5백여 명이 보급창을 지키고 있었다. 용병 지휘관 요한 라흘은 주민과 부하가 올린 경계 강화 건의를 건성으로 넘겼고, 밤에는 회관에서 카드놀이를 즐겼다.

워싱턴의 계획은 세 갈래 동시 기습이었다. 그러나 12월 25일 밤에 몰아친 눈비와 떠다니는 얼음 덩어리 때문에, 보조부대 두 곳은 강을 건너지 못했다. 결국 2천 4백명만이 민간 화물선 수십 척에 몸을 실었다. 어부 출신 존 글로버가 이끄는 연대가 노를 잡았고, 포 18문과 말 수십 필까지 새벽 3시 경 겨우 도하를 마쳤다.

워싱턴은 곧바로 부대를 둘로 쪼갰다. 북쪽 도로는 그린, 남쪽 강길은 설리번이 이끌고 폭풍 속에서 14킬로미터를 행군했다. 맨발에 천 조각을 감은 병사들이 눈 위에 피를 찍으며 행군했지만, 윌리엄 워싱턴과 젊은 장교 제임스 먼로가 앞장서 초병선을 뚫자 기세가 살아났다.

12월 26일 아침 8시 무렵, 두 갈래가 동시에 마을로 들이쳤다. 어수선한 헤센 측은 45분 만에 무너졌다. 헤센 측은 22명이 전사하고 83명이 부상을 당하며 약 900명이 포로로 사로잡힌 반면, 대륙군은 행군 중 동상으로 2명이 숨졌을 뿐이다. 노획한 머스켓과 식량, 포탄은 필라델피아 창고로 곧장 보내졌다.

이 승전은 장병과의 재계약 분위기를 단숨에 바꿨다. 워싱턴이 조국이 그대를 아직 필요로 한다며 연장을 제시하자, 탈영을 고민하던 이들이 스스로 남겠다고 나섰다.

기습 이후 워싱턴은 프린스턴(1월 3일)과 모리스타

운(1월~5월)으로 이어지는 기동전을 통해 뉴저지 전선의 주도권을 되찾는다. 또한 적보다 먼저 행군하고 참호를 새로 파면서도 지역 주민들로부터 식량과 말, 그리고 정보를 얻어내는 유동적인 방어 형태를 확립했다. 1781년 요크타운 공성전에 이르러서는 프랑스 육·해군과 연계하고, 허위 문서를 유포하며 우회 기동을 결합해 콘월리스 군을 반도 끝에 고립시키도 하였다.

연대를 위해 귀 기울이고
손을 내미는 통솔자

조지 워싱턴은 1783년 겨울, 뉴버그에 머무르며 독립전쟁의 마지막 국면을 보내고 있었다. 오랜 전쟁을 함께한 장교들과 병사들은 이제 고향으로 돌아가기를 바랐지만, 지급되지 않고 있는 급료와 연금 문제로 불만이 쌓여가고 있었다. 의회의 무성의한 대응에 실망한 이들은 점차 조직적인 항의 움직임을 보였고, 무장 봉기까지 거론되기 시작했다. 훗날 뉴버그

음모로 불리게 된 이 상황은 갓 태어난 공화국의 기반을 흔들 수 있는 중대한 위기였다.

워싱턴은 이 위기 앞에서 강압보다는 대화를 선택했다. 장교들이 비밀리에 모임을 열자 이를 직접 제지하지 않고, 며칠 뒤 공식적인 회의를 소집해 그들의 목소리를 들을 수 있는 자리를 만들었다. 불안과 불만이 가득한 분위기 속에서 그는 침착하게 경청했고, 그 후 차분한 어조로 연설을 시작했다. 전쟁 동안 자신도 그들과 함께 고통을 겪어왔다는 사실을 언급하며 공감의 문을 열었고, 군이 무력으로 민간 정부를 압박하는 것은 자신들이 지켜온 원칙에 어긋난다는 점을 상기시켰다. 연설 말미에 그는 주머니에서 안경을 꺼내 들며 말했다.

"이 안경은 전쟁과 세월이 제 시력을 앗아간 결과입니다. 여러분의 희생이 없었다면 이 나라도 없었을 것입니다."

장교들은 그 순간 한 사령관의 권위보다, 함께 고생해 온 이의 진심을 느꼈다. 반발하던 분위기는 누그러졌고, 이내 음모는 흐지부지 사라졌다.

워싱턴은 이후에도 군의 처우 문제에 대해 의회에 지속적으로 목소리를 냈다. 장교단은 결의안을 철회했고, 무력 행동은 일어나지 않았다. 뉴버그에서 워싱턴이 보여준 리더십은 명령이나 권위보다 신뢰와 공감에 기반한 것이었다. 그는 함께한 시간의 무게와 공화국의 가치를 내세우며, 갈등을 피하지 않되 적으로 돌리지도 않는 방식으로 문제를 풀어갔다.

사명을 위해 양심을 달래며
가정을 내려놓은 인간

1775년 6월 18일 새벽, 대륙군 총사령관으로 막 선출된 조지 워싱턴은 필라델피아를 떠나며 아내 마사에게 편지를 썼다. 그는 집에서 한 달을 보내는 편이 전장에서 49년을 보내는 것보다 낫다며 불가피한 이별의 고통을 털어놓았다.

닷새 뒤 캠브리지행 길목에서 띄운 두 번째 서신에서도 그는 전황보다 아내 마사와 아이들의 안위를 먼저 물었고, "시간과 거리로도 변치 않을 애정을 간직

하오"라고 적었다. 마사가 말년에 대부분의 서신을 태웠기 때문에 두 사람의 편지는 현재 세 통만 전해지는데, 그 가운데 두 통이 바로 이 시기의 것이다. 가족애는 전쟁터에서 더욱 절실해졌다.

또 어머니 메리 볼 워싱턴은 1788년경 유방암 말기 진단을 받았다. 워싱턴은 대통령 취임을 앞둔 1789년 3월 프레더릭스버그로 내려가 임종을 지키는 것만이 자신이 할 수 있는 마지막 효도라 칭한 작별 인사를 드렸다. 어머니는 그해 8월 25일 세상을 떠났다.

국가적 의무 앞에서 사적 감정을 절제하는 태도는 정치적인 상황에서도 이어졌다. 1794년 제이 조약 논란이 절정에 달했을 때 언론은 그를 왕 노릇하는 늙은 장군이라 조롱했지만, 워싱턴은 공개 설전을 피해 서재에서 조지프 애디슨의 희곡 《카토》를 곱씹었다고 전해진다. 그는 성공을 명령할 수는 없어도, 성공을 맞을 자격은 쌓을 수 있다는 대목에 밑줄을 그으며 마음을 다잡았다고 한다.

삶의 끝에서
속박을 끊어 낸 마지막 결심

1799년 7월, 은퇴해 농장을 돌보던 워싱턴은 15매 분량의 유언장을 작성했다. 그 안에서 그는 자신이 완전히 소유한 123명의 노예를 아내 마사 사후에 모두 해방하라고 명시하고, 충직한 시종 윌리엄 리는 즉시 자유인으로 삼았다. 노령·질병으로 노동이 어려운 이들은 종신 부양을, 미성년은 25세까지 글 읽기·산술·기술 교육을 받아야 한다는 조항도 포함됐다. 당시 대농장주가 체계적 교육과 조건 없는 해방을 약속한 것은 이례적 결단이었다.

워싱턴은 생전 노예제는 국가의 통합을 위협할 씨앗이라며 공개 논쟁을 피했지만, 사적으로는 양심에 따라 고통을 호소했다고 한다. 생전에 재정난·가족 반대·혼혈 가정 해체 위험 등을 이유로 전면 해방을 미뤘던 그는, 죽음을 앞두고 더는 명분을 뒤로 미칠 수 없었다. 유언장 세 쪽을 할애해 해방 절차를 상세히 지시한 것은 그의 다른 유산 조항보다 훨씬 길었다는 점에서, 노예 문제를 삶의 마지막 숙제로 인식했음을 보여준다.

워싱턴의 장례가 끝난 뒤, 마사는 남편의 뜻을 존중해 1801년 1월 1일자로 해방 시기를 앞당겼다. 자유를 얻은 123명 가운데 숙련 장인들은 먼지 쌓인 대장간을 되살렸고, 젊은이들은 글을 배워 급료 노동자로 전환했다. 남부 플랜테이션 사회는 크게 동요했지만, 북부 신문들은 말년에도 공화국의 정의를 지킨 장군이라며 그의 결정을 기념했다. 워싱턴의 유언은 노예제 폐지 논의에 직접 변곡점을 만들지는 못했으나, 최고 지도자가 자발적 해방을 선택할 수 있다는 도덕적 선례를 남겼다.

200

종교

George Washington

200 종교 일반
워싱턴 가문과 성공회 신앙

조지 워싱턴이
성공회 신자가 될 수 있었던 가정환경

조지 워싱턴이 태어난 18세기 버지니아 식민지의 공식 국교는 영국 성공회(Church of England)였다. 영국에서 건너온 이주민들이 버지니아를 비롯한 남부 지역에 정착하면서, 영국 국교를 그대로 계승하는 형태의 식민지 교회가 형성된 것이다. 당시 북아메리카 13개 식민지 가운데, 뉴잉글랜드 지방(매사추세츠 등)은 청교도 전통이 뿌리내린 반면, 버지니아·사우스캐롤라이나 등 남부 지역은 성공회 계통이 압도적 다수를 차지했다. 메릴랜드의 경우 17세기 초 가톨릭 관용령을 채택했으나, 1692년 이후에는 역시 성공회가 주(州) 교회가 되었다.

영국 성공회가 버지니아 식민지의 실질적 국교가 된 배경에는, 영국 왕실의 적극적 지원과 토지를 기반으로 한 남부 플랜테이션 경제 구조가 있었다. 플랜테이션의 주인들은 자신의 농장을 기반으로 지역 사회를 이끌었고, 자연스럽게 이들의 종교적 구심점인 성공회가 지역의 공적, 사적 행사에서도 핵심 역할을 담당하게 되었다.

워싱턴의 조부와 부친 모두 영국 출신 농장주 가문으로, 비교적 유복한 환경 속에서 신앙생활을 이어 왔다. 아버지 어거스틴 워싱턴(Augustine Washington)은 일요일 미사와 교구 활동에 꾸준히 참여했으며, 아들이 태어나자마자 성공회의 세례 의식을 받도록 했다. 한편, 워싱턴의 어머니 메리 볼 워싱턴(Mary Ball Washington) 역시 독실한 성공회 신자로 알려져, 자녀들이 어려서부터 기도문과 성경 구절을 암송하도록 지도했다고 전한다.

문제는 영국 성공회가 식민지적 질서를 옹호하고, 영국 왕실의 전통적 가치를 어느 정도 대변했다는 점이다. 계층 간 불평등을 해소하거나 도시, 농촌 빈민을 지원하는 데에는 보수적인 태도를 유지했다. 그러다 보니, 경제적 계층 격차와 노예제 문제를 직시한 진보적 목소리가 대두될 때마다, 교회가 적극적으로 나서지 않는다는 비판도 일각에서 존재했다.

그럼에도 버지니아 중상류층 상당수는 교회 활동에 열성적이었고, 특정 성직자들은 지역 사회의 도덕과 질서를 바로잡으려는 일에 관심을 보이기도 했다. 워싱턴 가문 역시 이런 배경하에서 성공회 신앙을 자연스럽게 물려받았다.

조지 워싱턴 본인은 청소년 시절부터 주말마다 예배를 드리며, 교구의 사제들과 교류를 이어 왔다. 다만, 커가면서 그가 보여 준 종교에 대한 태도는 부모 세대의 열렬한 신앙보다는 의무적이고 합리적인 신앙에 가까웠다고 평가된다. 그는 하나님 앞에서 겸손해져야 한다는 말을 자주 했으나, 성공회 전례 중 핵심인 성찬례에 자주 참여하지 않았다는 주변 증언도 있다. 이런 상대적으로 유연한 신앙 분위기가, 그를 훗날 정치와 종교의 분리를 옹호하는 관용적 지도자로 성장시키는 밑바탕이 되었다.

건국기의 종교적 배경

워싱턴이 활동하던 혁명기(미국 독립전쟁 전후)에, 북아메리카의 종교 지형은 여러 갈래로 갈라져 있었다. 남부 지역은 전통적으로 영국 성공회가 우세했으며, 북부 뉴잉글랜드는 청교도(회중교회파) 전통을 지키고 있었다. 펜실베이니아 일대는 퀘이커, 루터교, 모라비안파 등이 공존했으며, 종교적 다양성이 뚜렷했다.

독립전쟁 초기에 버지니아 등 남부 농장주와 의원 상당수는 영국 국왕의 통치로부터 자유를 쟁취하려고 하면서도, 동시에 영국 교회 체계와는 밀접한 유대관계를 맺고 있었다.

그래서 일부는 영국 국교회에 뿌리를 둔 성공회를 계속 유지해야 하는지에 관한 고민을 품었고, 또 일부는 독립을 완수하려면 영국 국교회와 결별이 불가

피하다고 주장하기도 했다.

그러나 대체로 워싱턴을 포함한 많은 지도층은, 영국 교회 자체보다는 영국의 정치적 간섭이 문제라고 인식했다. 즉, 교회 자체를 뒤엎는다기보다, 교회는 신앙적 기능을, 정부는 정치적 의무를 분담하는 식으로 나아가야 한다고 여겼다.

영국 성공회가
미국 성공회(Episcopal Church)로 변화

1776년 7월 4일, 독립선언서가 발표되고 대륙군이 영국군과 전쟁을 지속하는 가운데, 식민지 주민 중에서도 가톨릭, 개신교를 막론하고 다양한 종파가 자유와 평등을 외쳤다. 워싱턴이 이끄는 대륙군에는, 성공회 신자만 있는 것이 아니라 침례교도, 장로교도, 가톨릭 신자도 섞여 있었다.

1783년 파리조약과 함께 독립전쟁이 끝나고, 영국 국교회는 북미에서 더 이상 공적 특권을 누리기 어렵게 되었다. 1784년부터 코네티컷·메릴랜드·버지니아 등지의 성직자와 평신도 대표들이 연이어 회합을 열었고, 1785년 필라델피아에서 열린 제1차 총회에서 '미국 성공회(Protestant Episcopal Church in the United States of America)'라는 명칭과 조직 원칙을 채택했다. 1789년에는 정식 헌법과 전례서를 공포하여 독립 교단으로 자리 잡았다.

조지 워싱턴은 신생 공화국의 취지를 살리기 위해 미국은 종교적 자유가 보장되는 나라가 되어야 한다는 입장을 분명히 하면서, 새로운 성공회의 출범을 사실상 지지했다.

이 시기 워싱턴은 제헌회의 의장을 맡으면서, 헌법에 종교의 자유 원칙이 어느 정도 반영되도록 힘썼다. 단, 헌법 원문에는 종교 관련 조항이 명시되지 않았으나, 곧 이어 권리장전(Bill of Rights, 1791)에서 연방의회가 국교를 정하거나 종교 활동을 금지하는 법을 만들 수 없다는 취지를 담게 되었다. 이는 워싱턴이 군인 시절부터 보아 왔던 종파 간 갈등과, 영국 국교회가 식민지인들에게 불편을 야기했던 경험을 교훈 삼아 발전시킨 결과물이었다.

〈미국 연방 수정 헌법 제1조〉

"의회는 국교를 정하거나 종교 행위를 금지하는 법을 제정하여서는 아니된다. 또 의회는 언론·출판의 자유 또는 국민들이 평화적으로 집회를 할 수 있는 권리와 고충 처리를 위해 정부에 청원할 수 있는 권리를 제한하는 법을 제정하여서는 아니된다."

그림 1. 미국 연방 권리장전(Bill of Rights) 원본 첫 페이지

그렇다면 정부와 교회의 갈등은 일어나지 않았을

까? 표면적으로 워싱턴 시절에는 정부와 교회 간 충돌 같은 극단적 사태는 없었다. 다만, 영국 성공회가 더는 미국 내에서 특권적 지위를 갖지 못한다는 사실은 전통파 신자들에게 상당한 혼란이었다. 워싱턴은 대통령으로서 연방정부가 특정 종파를 우대할 수 없다고 천명했지만, 그 과정에서 왕당파*나 영국 교역과 밀접했던 성직자들이 반발하기도 했다.

그러나 워싱턴은 공화국이 신앙을 강요하는 국가가 아니라는 원칙을 일관성 있게 유지했다. 독립 이후에도 미합중국은 개신교. 가톨릭, 유대교 등 어떤 종교도 자유롭게 믿을 수 있는 터전임을 강조하며, 여러 교단 대표들에게 서신을 보냈다. 이로써, 13개 주 전역의 종교인에게 정부가 적대적이지 않다는 점을 알리고, 종교 간 협력과 신생 국가에 대한 충성을 유도했다.

* 미국 독립 전쟁 당시 영국 왕조에 충성하기로 남아 있었던 식민지인들

워싱턴의 개인적 신앙 태도

조지 워싱턴 스스로는 일생 동안 정통적 성공회 신자로서 공식 문서에 이름을 남겼다. 그러나 종교적 열정에 빠지거나 극단적 교리 해석을 내세우는 모습은 거의 없었다. 개인적 편지나 일기에 따르면 주일 예배에는 가능한 한 참석했으나, 1775년 이후 성찬례(聖餐禮) 참여는 드물었고, 기도모임을 주도하기보다는 개인의 양심과 명예에 근거해 결정을 내리는 편이었다.

그는 인간의 자유 의지와 공익을 위한 헌신을 강조했는데, 이런 태도는 18세기 후반 계몽사상과 대각성 운동(복음주의적 부흥)* 흐름의 절충적 산물로 볼 수 있다. 전통적 교회가 국가 권력과 밀착해 부패하는 현실을 경계했고, 동시에 개인적 신앙의 가치를 존중했다.

독립전쟁 시절, 그는 군대 내에서 종교의 자유를

---

* 1730~1740년대 영국령 북아메리카 전역을 휩쓴 복음주의 부흥 운동. 감성적 설교와 개인적인 체험을 강조해 교파 재편과 종교 다원화에 큰 영향을 미쳤다.

한층 강조했다. 병사들이 다른 종파라는 이유로 차별받거나 불이익을 당해서는 안 되며, 군종 사제를 통해 희망을 주는 것이 중요하다고 보았다. 훗날 대통령이 되고 나서도, 정부가 특정 종파를 지지하거나 탄압하는 일은 없어야 한다는 원칙을 담은 연설과 성명을 다수 발표했다.

워싱턴 사후, 미국 성공회는 점차 미국식 교회 체제로 정비되었고, 가톨릭 및 다른 개신교 교파들도 활발히 성장했다. '국교' 개념이 해체되면서, 건국 초기에 이미 정교분리 전통이 자리잡았다는 평이 있다. 워싱턴 자신도 진정한 자유란 신앙을 강제하지 않는 것이라 확신하여, 대통령 재임 중 교회 운영에 개입하지 않고, 공적인 축제(추수감사절)와 종교적 관습은 적절히 조화시키는 태도를 보였다.

하지만 18세기 말에서 19세기 초까지, 건국 초기 미국 교회들은 여전히 노예제와 인종차별 문제를 놓고 적극적으로 목소리를 내지 않았고, 일부 성공회 교구는 남부 농장주들의 입장에 편향되었다는 비판도 있다. 그럼에도 워싱턴이 주창한 종교에 대한 관용과 분리는 이후 제임스 매디슨, 토머스 제퍼슨 등이 '종교 자유법(버지니아 종교자유령)'*을 확산시키는 데 큰 토대가 되었다.

결국 워싱턴의 시대에 가장 중요한 변화는, 영국 국교회의 식민지적 권위가 해체되고, 미국 각 주가 종교적 다양성을 좀 더 폭넓게 받아들였다는 점이다. 워싱턴은 무신론자도, 급진적 신비주의자도 아니었지만, 성공회 신자로 자라며 쌓은 통합적 사고와 계몽주의적 관용이 어우러져, 오늘날 미국 헌법이 지향하는 국가와 종교의 분리, 신앙의 자유를 일찍이 예견해 나간 셈이다.

---

* 1786년 제정된 「버지니아 종교자유령」은 국교였던 성공회 특권을 폐지하고, 종교적 신념에 관하여 강제나 처벌을 받아서는 안 된다는 정교 분리를 선언한 법으로서 미국 수정헌법 제1조의 토대가 되었다.

300

사회
과학

George Washington

300 사회과학 일반
조지 워싱턴을
건국의 아버지로 만든 사회

조지 워싱턴은 버지니아의 대지주였지만, 프렌치-인디언 전쟁(1754~1763)에서 민병대를 지휘하며 영국군이 식민지 장교를 차별하고 서부 확장을 제한*하는 현실을 뼈저리게 경험했다. 이 전쟁은 그가 영국과 식민지 관계의 구조적 불평등을 깨닫는 결정적 전환점

---

* 1763년 10월 7일 국왕 조지 3세가 선포한 왕실 칙령은 애팔래치아 산맥 능선을 따라 경계선을 긋고 그 서쪽을 인디언 보호구역으로 지정하여 식민지인의 정착·토지 허가·주(州) 설립을 전면 금지했다. 프렌치-인디언 전쟁 직후 인디언 충돌과 행정 비용을 줄이려는 조치였지만, 오하이오 계곡 개척을 노리던 버지니아 지주나 퇴역병에게는 싸워서 얻은 땅에 들어가지 못하는 부당한 속박으로 인식되었다.

이 되었다. 프렌치-인디언 전쟁 참전 뒤에는, 1759년 군을 떠나 마운트버넌의 농장을 경영하며 약 15년간 농장주이자 버지니아 하원의원으로 활동했다. 이후 영국의 잇따른 토지·과세 정책이 격화되자 그는 점차 무장 저항의 필요성을 확신했고, 1775년 대륙군 총사령관 수락으로 독립전쟁의 핵심 인물로 부상했다.

북아메리카 13개 식민지의 배경

영국령 북아메리카는 1607년 제임스타운* 건설 이후 18세기에 접어들며 인구와 경제 규모가 급격히 확대되었다. 뉴잉글랜드(매사추세츠 등 미국 북동부 지역의 6개 주)에서는 신교도 전통과 상업, 제조업이 발달했고, 중부(펜실베이니아, 뉴욕)에서는 농업과 상업이 혼재되어 번성했으며, 남부(버지니아, 메릴랜드, 조지아 등)는 플랜테이션 농업을 기반으로 대농장주가 성장했다.

버지니아를 비롯한 남부 지역은 기름진 토지와 노

---

* 영국이 북아메리카 버지니아 식민지 내에 건설한 최초의 영국 식민지이다.

예 노동을 활용한 대규모 재배를 통해 부를 축적할 수 있었다. 그러나 이러한 부는 대농장주 소수에게 집중되었고, 상당수 백인 소농과 대다수 흑인 노예들은 빈곤과 억압에서 벗어나기 어려웠다.

식민지들은 18세기 중반까지 비교적 자치적으로 운영되었으나, 영국 의회가 7년 전쟁(1756~1763년) 이후 막대한 전쟁 비용을 충당하기 위해 식민지에 각종 과세를 강화하면서 갈등이 본격화되었다. 인지세(Stamp Act), 차세(Tea Act) 등은 식민지 주민들에게 "대표 없는 곳에서 과세하지 말라(No Taxation Without Representation)*"라는 저항 심리를 불러일으켰다.

풍부한 자원의 잠재력과 식민지의 모순

사실 북아메리카 식민지들은 광활한 토지와 천연자원, 해상 무역로를 갖추고 있어 잠재적으로 부유해질 수 있었다. 동부 해안의 비옥한 충적토, 내륙의 광

---

* 시민이 직접 선출한 대표 없이 정부가 세금을 부과하는 것은 정당하지 않다는 주장이다. 이는 식민지 주민들이 영국 의회에 대표를 보내지 못한 채 세금만 부과받는 상황에 대한 저항에서 비롯되었다.

물자원, 해안 수로를 통한 국제교역 등은 식민지 경제에 호재였다. 일찍부터 뉴잉글랜드 상인들은 삼각무역(대서양 횡단 무역)으로 수입을 올렸고, 남부 농장주들은 영국 시장에 담배·쌀 등을 수출해 막대한 이익을 얻었다.

그럼에도 불구하고 정치적 주체성의 결여와 영국 본국의 간섭과 착취는 식민지 주민 대다수를 어려움에 빠뜨렸다. 소수 지배층이 영국 정부와 결탁해 이권을 독점하며 부를 누리는 사례도 적지 않았다. 평범한 농민이나 노동자, 상인은 본국이 부과하는 관세와 독점 무역 정책 때문에 합당한 이익을 보장받지 못했고, 의회가 영국 총독에게 막혀 제대로 기능하지 못하는 경우가 많았다.

영국은 식민지에 총독을 파견하여 상류층과 손잡고 식민 정책을 지속했다. 영국 왕실은 식민지 무역을 엄격히 통제하는 중상주의 정책을 펼쳤고, 식민지 내에 친영(親英) 세력을 만들어 반대자들을 억압하거나 제거하기도 했다.

식민지 주민들이 대의권을 요구하면, 본국은 군대

를 동원하거나 총독령을 발동해 무력으로 분열을 조장했다. 지주층과 결탁한 공직자들이 세금을 착복하거나 토지 매매로 이익을 독점하는 부정부패도 많았다.

   당시 북아메리카 식민지의 현실은 비밀경찰, 강압 통치, 언론 탄압 등을 시행 중인 라틴아메리카 식민지와 같이 살벌하지 않았으나, 시민적 자유를 사실상 박탈하는 식민 통치가 이어졌다. 스스로를 영국 신민이라 칭하던 대다수 식민지인들도, 영국 의회가 인지세와 차세를 일방적으로 부과하면서 옳지 않다고 느끼게 된 것이다.

   워싱턴 역시 젊은 시절부터 프렌치-인디언 전쟁에 참전하며 서부 변경 지역을 돌아보았고, 각지 백인 개척민들과 원주민들이 겪는 갈등, 영국 총독부의 무능과 권위주의 등을 직접 눈으로 보았다. 이 경험은 그로 하여금 영국이 식민지의 이익을 고려하지 않는다는 깨달음을 얻게 만들었다.

투쟁이 독립과 번영을 가져온다

워싱턴은 식민 의회(하원)나 상류층이 영국과 협상해 좀 더 유리한 지위를 얻는 선에서 모든 문제가 해결되리라 처음엔 기대하기도 했다. 그러나 보스턴 차 사건과 영국이 보스턴 항을 봉쇄한 사태 등을 지켜보며, 결코 화해로만은 해결되지 않으리라 여겼다. 따라서 무장 항쟁을 통해 정치적 독립을 이룩하고, 자원과 시장을 식민지민 자신들의 손으로 통제해야만 연방(당시 13개 식민지)이 제대로 발전할 길이 열린다고 여겼다.

조지 워싱턴이 군사 지도자로 나서게 된 것은, 미국 독립이 불가피하며, 외세(영국)의 부당간섭을 제거해야 자치와 번영이 가능하다고 믿었기 때문이라고 전해지는 이야기가 바로 이 맥락이다. 그는 대륙회의(Continental Congress)에 참석할 때도, 평화적 탄원과 협상만으로는 본국의 정책을 바꾸기 어려우며, 스스로 방어할 준비가 필요하다고 꾸준히 역설했다.

결국 대륙군 총사령관 자리에 올라, 무장봉기를 주

도함으로써 미합중국의 독립을 현실화했다. 정부가 국민을 착취하는 구조를 깨고, 새로운 헌법과 민주체제를 마련해야 하며, 이를 위해 군사 혁명을 반드시 거쳐야 한다고 판단했다. 그는 전쟁 이후에도 국가 주도의 경제정책(해밀턴 재정 계획), 농지 개혁 문제(서부 개척 정책), 교육과 행정 조직 정비 등을 적극 지지했다.

340 정치학
조지 워싱턴의 정치 사상

　워싱턴이 독립 전쟁의 핵심 지도자로 성장할 수 있었던 배경은, 살펴본 것처럼 식민지 내부의 정치사회적 모순과 영국의 전횡, 그리고 대륙회의에서 함께한 동료들의 의지와 맞물려 있다. 그는 정치적 불안정, 경제적 불균형, 사회적 불평등을 식민지 안에서 응축된 부작용이라고 보았다. 이를 해소하는 길은, 억압받은 식민지 주민들의 힘으로 스스로 자유를 쟁취해 공화주의 국가를 세우는 것이라고 확신했다.

공화주의 이념과 혁명을 꿈꾸다

워싱턴은 모든 자유민은 동등하게 법의 보호를 받아야 하며, 정부는 국민의 동의 하에 구성된다는 공화주의 원칙을 굳게 믿었다. 식민지 밖에서 태동한 계몽주의와 사회계약론(로크, 몽테스키외 등) 사상에 영향을 받았지만, 무엇보다 현실 속에서 식민지인들이 누리지 못하는 권리를 확인한 뒤, 이 이념이 필요하다고 느낀 것이다.

그는 정규군 출신이 아니었음에도 불구하고, 독립전쟁을 통한 무장 투쟁에 주저함이 없었다. 국가의 근본적인 재탄생은 국민이 참여하는 투쟁을 통해 달성된다는 생각이었다. 그러한 신념에 반응하듯, 1775년 2차 대륙회의는 그를 대륙군 총사령관으로 임명했고, 그는 지칠 줄 모르는 의지에 기반하여 영국군을 상대로 장기전을 벌였다.

워싱턴은 전쟁을 이긴 뒤 총사령관으로 누릴 수 있는 모든 특권을 향유하라는 주변의 조언에도 불구하고 자신도 고향 마운트버넌으로 돌아갔다. 그 후

1787년 제헌회의 의장으로 불려 나오며 다시 공적인 책임을 감수했다. 이처럼 워싱턴은 정치 지도자는 권력을 휘두르는 존재가 아니라, 국민을 위해 봉사하는 존재라는 이상적 모델을 보여 주었다.

독립 전쟁 이후에도, 미국 내부엔 주(州) 간 이해 충돌, 경제 불황, 영국·프랑스와의 외교 문제 등 크고 작은 난관이 기다리고 있었다. 워싱턴은 혁명은 시작일 뿐, 성공 이후의 체계를 유지하고 발전시키는 것은 또 다른 차원의 노력이라고 강조했다. 즉, 전쟁에서 승리한 것으로 끝이 아니라, 새 헌법을 통해 안정된 공화 정체(政體)를 만들어 후세가 부강한 나라를 누릴 수 있도록 해야 한다는 의식이었다.

그는 "자유가 아니면 죽음을 달라(Give me liberty or give me death)"라는 패트릭 헨리의 구호에 공감하며, 우리의 자유가 위태로워지면, 다시금 일어나 싸울 각오가 있다는 태도를 견지했다. 이후 워싱턴은 프랑스 혁명 등 유럽 정세를 예의주시했고, 유럽 사정에는 거리를 두어야 한다고 보았다.

독립 후 대통령직에서 물러난 때에도, 워싱턴은 한

나라가 성숙해 가는 데는 군사·경제·외교가 모두 조화를 이뤄야 한다는 의사를 나타내며, 후임자들에게 자신이 전장에서 체득한 리더십과 제도 혁신의 필요성을 물려주고자 했다. 편지와 정부 문서를 통해 여러 전략 지침을 남겼고, 실제로 해밀턴과 제퍼슨 등이 그 유산을 이어받았다.

헌법 제정과 초대 대통령으로서 통합의 리더십

1783년 파리조약 체결로 독립 전쟁이 공식 종료되었을 때, 미합중국은 '국가'라는 이름만 얻었을 뿐 실질적 통치 구조는 취약했다. 연합규약은 13개 주(州)가 느슨한 동맹 형태로 모여 있음을 선언했지만, 연방 정부에는 과세권·정책권·상비군 유지권이 없었다. 전쟁비로 인한 막대한 부채를 갚을 재원도, 주 간 갈등을 중재할 사법 절차도 부재했다. 통화(대륙화폐)는 가치가 폭락해 한 팩의 커피에 수레 한가득 지폐가 필요하다는 자조가 회자될 정도였다. 주마다 관세를 부과해 이웃 주 생산물까지 외국 상품 취급을 하니, 전쟁은 끝났지만 경제와 정치의 분열은 깊어졌다.

이 불안정성을 폭발시킨 사건이 매사추세츠 서부 농민 봉기, 셰이즈의 반란이다. 참전 용사이자 영세 농민이었던 다니엘 셰이즈는 고리대금으로 땅을 빼앗기는 동료들과 함께 법원과 세무서 점거에 나섰다. 주 정부가 민병대를 동원해 제압했으나, 갓 탄생한 공화국이 무질서로 무너질 수 있다는 공포가 대륙을 흔들었다. 은거 중이던 워싱턴은 사태의 심각성을 인식했고, 강력한 중앙 헌법이 없다면 피로 얻은 자유는 곧 무정부 상태라는 칼날에 베일 것이라며 필라델피아로 향했다.

1787년 제헌회의는 기존의 연합규약을 개선해 완전한 연방 헌법을 마련하기 위해 소집되었다. 의장으로 선출된 워싱턴은 발언을 최소화하면서도 단호한 진행과 품위로 논의를 이끌었다. 인구가 많은 주는 인구 비례 하원 구성을, 작은 주는 주 단위의 대표 구성을 요구해 회의가 교착 상태에 빠졌지만, 워싱턴은 벤저민 프랭클린·제임스 매디슨 등 핵심 인사와 긴밀히 논의하며 대화를 중재한 결과, 끝내 하원은 인구비례를 기반으로 하는 직접 선거 방식으로, 상원은 주 간 균등한 권한을 부여하는 간접선출 방식으로 규정하는 코네티컷 타협이 채택되면서 연방주의 체제가 확립되었고, 워싱턴은 새 헌법의 상징적 보증인으로 자리매김했다.

새 헌법은 행정부·입법부·사법부를 분립하면서도, 연방이 과세권과 군 통수권을 갖도록 설계했다. 1789년, 선거인단에 의해 진행된 첫 선거에서 워싱턴이 만장일치로 초대 대통령에 선출된 까닭은 혁명의 영웅이라는 상징성과 더불어 새 제도를 두루 수용시킬 통합 인물이라는 기대 때문이었다. 취임 후 그는 재무부, 전쟁부, 국무부와 법무장관을 임명해 내각회의를 창설했다. 참모진이 서면 보고만 올리던 왕정과 달리, 내각은 매주 논쟁하며 대통령에게 권고안을 제출하는 합의 체계를 만들었다.

독립 직후 의회는 각 주가 발의한 수정안 논의에 착수했다. 제임스 매디슨이 언론·종교·집회·재판 절차 등 기본권을 규정하여 편집·조정한 열 가지 항목의 권리장전이 1791년 발효돼, 정부 권력은 국민 자유 위에 서지 못한다는 원칙을 명문화했다. 이 조항은 훗날 인권 선언과 국제 헌장의 모델이 되었다.

그러나 건국 초기 최우선 현안은 재정 파탄 수습이었다. 연방은 대륙군 급료·프랑스 차관·각 주(州) 발행 채권까지 합쳐 약 7,700만 달러(당시 추정 GDP의 35~45%)에 달하는 부채를 안고 출발했다. 재무장관 알렉산더 해밀턴은 연방정부가 모든 주채(州債)를 2,150만 달러까지 일괄 인수해 단일 국채로 전환하고, 이를 담보로 연방은행을 세워 신용을 공고히 하자는 계획을 내놓았지만, 빚이 적었던 버지니아·노스캐롤라이나 등 남부 농업 주에서는 북부의 전쟁비용까지 자신들이 떠안는다는 반발이 거셌다. 이 갈등을 풀기 위해 1790년 6월 20일, 당시 뉴욕 임시 수도에서 국무장관 토머스 제퍼슨이 자신의 하숙집 식탁에 해밀턴과 버지니아 대표인 제임스 매디슨을 불러 비공식 저녁 회동을 주선했다. 매디슨은 남부 의원들이 주채 인수 법안(Funding Act)을 더 이상 저지하지 않고 필요한 표를 보태겠다고 약속했고, 대신 해밀턴은 북부

의원들을 설득해 수도를 남부의 버지니아와 메릴랜드 사이에 위치한 포토맥 강변에 두자는 거주지 법안(Residence Act)에 찬성표를 던지게 하기로 했다. 이렇게 성사된 1790년 타협(Compromise of 1790) 덕분에 같은 해 주 채무 인수를 포함한 재정법과 수도 이전을 규정한 거주지법이 연달아 통과됐다. 워싱턴은 즉각 포토맥 강 유역을 시찰해 도시 부지(훗날 워싱턴 D.C.)를 지정했고, 연방정부는 통합 국채를 신용 있게 상환해 나가면서 네덜란드·프랑스·영국 투자자들로부터 미합중국 채권은 안전 자산이라는 평가를 얻었다. 그 결과 1790년대 초 미 연방 공채 이자율은 점차 하향되어 안정됐고, 갓 태어난 공화국은 국제 금융시장에서 예상보다 빠르게 신용을 회복할 수 있었다.

  동시에 워싱턴은 서부 확장에도 예산을 배정했다. 인디언 영토 경계 분쟁을 완화하기 위해 개척도로·운하·우체국을 설치해 동서 교역망을 확대했고, 이는 내륙 농산물 수송비를 줄여 시장 혁명으로 불리는 성장 기반을 열었다.

당파를 넘어선 리더십과 신생 공화국의 중립외교

대통령 워싱턴은 정당의 해로운 영향을 가장 큰 내부 위협으로 보았다. 그의 고별사에는 당파주의는 자유를 파괴한다는 문장이 반복된다.

그럼에도 그는 초대 내각에 경제와 중앙집권을 지지한 알렉산더 해밀턴과 농업과 분권을 선호한 토머스 제퍼슨을 함께 앉혔다. 두 인물의 철학적, 정치적 충돌은 연방당과 민주공화당의 창당으로 이어졌지만, 워싱턴 자신은 끝까지 어느 진영에도 서명하지 않은 무당파 대통령으로 남았다.

또한 국내 갈등보다 시급했던 대외 과제는 프랑스 혁명 전쟁과 영국 해상 봉쇄였다. 워싱턴은 1793년 4월 22일 중립선언을 통해 공화국의 피와 재원을 유럽 전장에 낭비하지 않겠다는 노선을 선포했다.

이어 1794년 체결하고 1795년 비준된 제이 조약*

---

* 독립전쟁 뒤에도 남은 미·영 갈등을 정리하기 위해, 영국군의 서부 요새 철수와 국경·전쟁 배상 문제 해결, 대서양·카리브해 상업 항로 규정 등 통상 질서 재정비를 핵심 내용으로 한 우호 협정이다. 동시에 미·영 양국의 채무 분쟁을 중재할 상설 위원회를 두어, 신생 미국이 전면전 없이 대서양 무역 기반을 확보하도록 길을 열었다.

으로 영국과의 미해결 현안을 외교로 봉합했다. 조약이 친영적이라는 거센 반발이 일었으나, 워싱턴은 또 한 번의 전쟁은 헌법과 재정을 모두 파괴한다는 판단으로 비준을 밀어붙였다.

1796년 발표한 고별사에서 그는 지역과 정파 등에 대한 편파적 애착은 자유의 적이라며 후임자들에게 절제를 당부했다. 링컨·아이젠하워·케네디가 위기마다 이 연설을 인용한 것은, 워싱턴이 남긴 이 메세지가 시대를 초월한 표준이 되었기 때문이다.

380 풍습, 예절, 민속학
워싱턴의 일상과 18세기 북아메리카 풍경

18세기 북아메리카의 풍경

18세기 중엽 영국령 북아메리카의 13개 식민지는 서로 다른 자연환경과 인구 구성을 지녔지만, 공통적으로 뚜렷한 계층 피라미드를 보여 주었다. 남부 버지니아·사우스캐롤라이나의 대농장주는 수백 에이커 이상을 소유하며 농장 관리·지방 의회·사법직을 겸해 권력을 독점했고, 그 아래에 자유 백인 소농과 도시 수공업자가 자리했다. 노동력의 최하층에는 계약 기간이 끝나면 자유를 얻을 수 있었던 백인 계약 노동자와, 평생 신분이 고정된 아프리카계 노예가 있었다. 법률가·성공회 네트워크·혼인을 통한 혈통 결합이 사회 상승의 주요 통로였기 때문에 한 세대 만에 신분을 바꾸기는 극히 어려웠다. 이처럼 폐쇄적 구조 속에서도 서부 개척과 민병대 활동을 통한 승진은 예외적인 계층 이동 수단으로 여겨졌고, 훗날 누구에게나 열린 기회라는 신화의 밑바탕이 되었다.

대서양 삼각 무역은 식민지 경제를 움직였다. 남부 항구는 담배와 인디고를, 뉴잉글랜드는 럼과 목재를 유럽과 카리브 해로 내보냈고, 그 대가로 차·도자기·철제품·고급 직물이 유입되었다. 물류·환전·해상 보험업이 필라델피아·보스턴·찰스턴 같은 항구 도시에 집중되면서 도시 상류층과 농촌 플랜테이션 사이의 부의 격차가 한층 벌어졌다. 값비싼 영국제 식기와 가구가 상류 가정의 응접실을 채우는 동안, 농장 관리인은 국제 시세를 확인하려고 매일 신문을 들여보았고 이는 곧 대서양 경제권에 대한 의존을 체감케 했다.

이러한 해상과 육상의 복합 교통망은 대륙 전체를

하나의 경제권으로 묶었다. 1770년대 필라델피아 부두에는 대형 창고와 마차 회사, 보험조합, 커피하우스가 늘어서 있어 항구 노동자와 선주, 상인이 서로 다른 정보를 실시간으로 교환했다. 뉴욕과 보스턴 사이를 오간 최초의 정기 우편마차는 여정을 왕복 6일로 단축해 사람과 편지, 귀중품을 함께 실어 나르며 도로의 상업 가치를 높였다. 주요 간선도로마다 15마일 간격으로 여관이 들어서 서비스를 제공했고, 이런 교통 혁신은 독립 전후 교통에 대한 투자 논의가 현실화되는 배경이 되었다.

지식과 종교 활동도 활발했다. 하버드·예일·프린스턴을 포함한 아홉 개 식민지 대학은 라틴어·수사학·자연철학을 가르쳐 목회자와 법률가를 양성했다. 인쇄 기술 확산으로 값싼 달력과 소책자가 농부와 수공업자의 손에까지 들어가면서, 근검과 자조와 같은 새로운 생활 규범이 대중화되었다. 이런 인쇄 문화는 식민지인의 문자 독해력을 높여, 이후 대륙회의 문서와 헌법 초안을 빠르게 확산시키는 데 결정적 역할을 했다.

여가 문화는 지역마다 색채가 뚜렷했다. 남부 대농장 사회의 대표적 사교 행사는 여우사냥이었다. 사냥터는 정치적 동맹과 사적인 친교를 동시에 다지는 공간으로 기능했다. 반면 북부 도시에서는 커피하우스와 자선 무도회가 상류층 네트워크를 확대했고 길거리 극장과 영국식 발라드 오페라가 새로운 오락으로 각광받았다. 이처럼 다양한 여가 활동은 계층 간 연결 고리를 만들면서도 각 지역 특유의 사회적 정체성을 강화했다.

조지 워싱턴의 주거환경과 가정생활

워싱턴 가문은 버지니아 상류층의 유산을 물려받은 대표적인 플랜테이션 가정이었다. 17세기에 영국 본토에서 이주한 조상의 혈통을 이어받은 집안으로, 이름난 가문에 속했다. 워싱턴의 조상들 중 일부는 식민지 정부와 농장 경영으로 큰 재산을 쌓았고, 버지니아 지주사회에서 존경받았다.

조지 워싱턴은 청년기에 아버지를 일찍 여의고, 어

머니 메리 볼 워싱턴 휘하에서 형제들과 함께 자랐다. 그가 물려받은 농지와 노예들은 꽤 넓었지만, 경영은 쉽지 않았다. 프렌치-인디언 전쟁 이전, 그는 포토맥강 근처 토지를 늘리는 데 관심이 많았다.

이후 마사 댄드리지 커스티스(과부였으나 상당한 재산을 보유)와 결혼하여 함께 마운트버넌을 가꾸었다. 이곳은 버지니아의 대표적인 플랜테이션으로, 담배·밀·옥수수 등을 재배하고 노예 수십 명을 고용했다. 그럼에도 워싱턴은 농장주의 사생활에만 매몰되지 않고, 버지니아 하원 의원과 대륙회의 대표 등 끊임없이 공직에 참여했다.

워싱턴 가문은 영국식 풍습을 유지했으며, 과시적 사치는 피했으나, 손님 접대가 잦은 겸손한 귀족적인 생활을 이어갔다. 식탁이나 응접실은 정갈하고 검소했으며, 서재엔 지도, 측량 도구, 역사·정치 관련 서적들이 가득했다고 전해진다. 이는 건실한 지주 가문이라는 정체성과, 이후 대륙군 총사령관·대통령이 된 그의 공적 이미지와도 맞닿아 있다.

담배, 차, 간소한 식생활

워싱턴 시대의 남부 농장주들은 담배 재배와 수출로 부를 창출했다. 워싱턴 본인은 담배 경작을 줄이고, 밀과 옥수수 등 작물로 농장을 다각화하려 노력했다. 그가 식민지 초기부터 계속된 토양 황폐화나 영국 무역상에 대한 과도한 의존과 같은 담배 단일경작의 폐해를 경계했기 때문이다.

식생활 측면에서, 워싱턴은 대체로 담백한 식사를 선호했다는 말이 전해진다. 다만 개인적인 검소함과 별개로 손님 접대는 후했다. 마운트버넌에는 해마다 수백 명이 방문했고, 워싱턴 부부는 차 와인·펀치*·맥주를 넉넉히 내놓았다. 그는 과도한 음주를 경계하면서도, 18세기 상류층의 사교 의례를 충실히 수행해 검소하되 환대가 넘치는 호스트로 전해진다.

---

* 그릇에 과일, 주스, 향신료 등을 섞어서 마시는 음료의 종류

군복과 일반 복장 스타일

워싱턴은 대체로 군복이나 공직자 복장을 한 모습으로 외부에 인식되고 있다. 대륙군 총사령관 시절에는 감색 군복에 견장을 단 위엄 있는 차림을 하며, 신분과 역할을 표명했다. 학창 시절(정규학교가 아닌, 가정교사를 통해 교육받았다)이나 젊은 측량사 시절 복장을 보면, 그냥 리넨 셔츠에 조끼와 반바지를 입은 평범한 영국식 복장이다. 속칭 "가발"을 쓰는 대신, 자신의 머리를 뽀얗게 파우더로 처리하기도 했다. 이것은 당시 상류층 남성들이 체면을 갖추기 위해 자주 한 스타일이다.

버지니아 지역 전통 복장으로 가죽 바지와 사냥용 상의를 입는 남미식 풍경은 아니었지만, 워싱턴도 개척지 활동 시에는 승마에 편한 재킷, 목에 스카프를 감고 부츠를 신었다. 평소엔 굳이 사치스런 장신구를 하지 않았다는 점이 주목할 만하다.

사교 문화와 가정 분위기

워싱턴은 집안에 방문객이 찾아오면, 밤늦게까지 담소를 나누며 정치·농사·사냥 이야기를 즐겼다고 한다. 카드놀이와 무도회 같은 군중 모임에는 때때로 참석하되, 지나친 도박이나 낭비는 반대했다. 저녁 만찬 때는 프랑스 식 와인을 곁들일 때도 있었다.

결혼 생활에선, 부인 마사와 함께 의붓자녀들을 돌보며 조카·친족들에게 교육비나 결혼 자금을 지원했다. 대가족을 이뤄 사는 문화가 흔했던 남부 플랜테이션에서, 워싱턴 가문도 많은 하인·노예·친지들이 함께 부대끼며 지낸 셈이다. 그의 서재에서는 지도·책·문서가 흩어져 있는 모습이 흔히 목격되었고, 식사를 마치면 즉시 서재로 들어가 업무나 편지 쓰기에 몰두하는 습관이 있었다.

전시에 따른 열악한 생활상

독립전쟁 시기가 되면, 워싱턴 자신도 여느 군 지휘관처럼 전장에서 거친 생활을 감수해야 했다. 임시 오두막에서 숙박하는 것은 기본, 식량이 떨어질 때엔 곡물 가루나 말린 고기로 연명했다. 때론 제대로 씻지 못하고, 얼어붙은 계곡을 건너야 했다. 밸리 포지 겨울나기가 대표적 예로, 군사와 지휘관 모두 이가 끓고, 동상에 시달렸다.

전쟁 중 열악한 복장과 의약품 부족, 그리고 모자란 침구를 직접 겪은 경험은 워싱턴이 의회에 군을 지원하지 않으면 혁명이 실패한다고 거듭 강조하게 된 결정적 계기가 되었다. 그 역시 주기적으로 사령부 보급장부를 확인하고, 배분에 골머리를 앓았다. 부득이하게 적잖은 병사가 굶주리거나 질병에 시달리는 사건도 벌어져, 그에 대한 책임감과 죄책감을 호소한 편지가 남아 있다.

워싱턴이 1776년 말에 트렌턴 기습을 감행할 때도, 수 차례의 후퇴로 지친 병사들이었다. 그러나 그는 이

고비를 넘기지 못하면 영원히 자유를 얻지 못한다며 사기를 북돋았다. 결과적으로 열악한 게릴라 생활을 스스로 몸소 체험하며, 전후(戰後)에는 군인 보훈과 연금 정책이 반드시 필요함을 절감하게 되었다.

삶의 여유를 위해
말 굴레를 잡고 위스키를 빚는 생활인

마운트버넌 아침 해가 물안개를 걷어 올리면, 워싱턴은 마구간으로 향했다. 그는 '블루스킨', '넬슨' 같은 자신의 말을 쓰다듬으며 당근을 건넸고, 대장장이에게는 말에게 씌울 안장의 조정을 지시했다. 겨울철이면 사냥개 30여 마리를 거느리고 여우 사냥에 나섰다. 그의 사냥개 종자는 오늘날 '아메리칸 폭스하운드'의 기원 중 하나가 되었는데, 영국·프랑스·버지니아 현지 혈통을 교배한 후 혈통부를 직접 작성해 보존했다.

1797년 퇴임 직후 그는 증류소를 세웠다. 캘리코 셔츠 소매를 걷어붙이고 직접 옥수수 몰트를 교반기에 쏟으며 작업을 하기도 하였다.

책·펜·편지를 붙들고 시민의 덕목을 퍼뜨린 자발적 학습가

워싱턴은 왕성한 편지 교류와 독서로 알려졌다. 편지·명령서·영수증 등 그와 관련된 문서는 1745년부터 1799년까지 약 14만 페이지에 이르며, 이를 통해 워싱턴의 어린 시절부터 측량사, 군 장교, 대륙군 사령관, 대통령 시절까지 삶의 전 과정을 엿볼 수 있다.

평소 그는 일기와 서신에 자신의 견해와 일상을 메모했는데, 특히 장병 격려와 정책 조언을 비롯한 다양한 내용이 편지에 담겼다. 독서 면에서도 워싱턴은 광범위한 관심을 보였다. 생전에 900여 권의 서적을 모았는데, 고전 문학·역사·정치·철학 서적부터 농업·법률·과학 서적까지 다양한 분야를 포함했다.

예를 들어 셰익스피어 희곡과 스페인 작가 세르반테스의 『돈키호테』 같은 문학 고전은 물론 에드워드 기번의 『로마제국 쇠망사』도 그의 서가에 있었다. 워싱턴은 책을 구매해 읽었으며, 자서전 등의 독서 목록을 작성하는 등 학문적인 태도로 독서를 대했다. 이러한 독서와 서신 활동은 그로 하여금 미국 건국의 주요 사건을 깊이 이해하도록 도왔으며, 자신의 사상을 다듬는 데 기여했다

400

자연
과학

George Washington

400 자연과학 일반
조지 워싱턴이 살던 시대의 자연과학 발전 상황

조지 워싱턴이 활발하게 활동하던 18세기 중후반은 근대 자연과학이 각 분야에서 눈부시게 발전해 가는 시기이기도 했다. 17세기에 이어 18세기에 이르러 수학, 물리학, 천문학, 생명과학 등이 유럽과 북아메리카 여러 지역에서 연구되었고, 이 연구 성과는 미합중국 건국 초기의 합리적 사고와 실용적 기술을 도입하는 데 큰 영향을 미쳤다. 워싱턴이 독립 전쟁을 승리로 이끈 뒤 미국을 건국하고 헌법 체제를 수립하는 데 있어서도, 자연과학적 인식과 계몽주의 사상이 상당한 자극을 주었다.

18세기 수학 부문과 측량·통계의 발달

18세기는 뉴턴과 라이프니츠가 확립한 미적분학과 해석기하학의 기초 위에서 수학이 비약적으로 발전한 시대였다. 독일의 오일러와 프랑스의 라그랑주 같은 수학자들은 대수학, 기하학, 미적분을 크게 확장했고, 이를 바탕으로 항해와 토목 건축 등 실용 분야의 수학적 계산이 발달했다. 측량술 분야에서는 삼각측량법이 표준 도구로 자리잡았고, 각종 기구가 정밀해지면서 새로운 대륙의 광활한 토지 측량에 응용되었다. 당대에는 각국 정부가 인구와 교역·자원 현황을 파악하려는 움직임이 늘며 통계라는 개념이 눈에 띄게 등장했다. 영국과 유럽의 조세정책 및 군역 관리를 위해 인구조사와 지출 기록 등을 수집해 분석하는 일이 중요해졌고, 계량적 사고가 점차 학문적 관심을 끌었다. 조지 워싱턴은 어린 시절부터 수학과 측량 기술을 익힌 인물이어서 이러한 흐름을 자연스럽게 흡수했다. 1748년 16세에 컬페퍼 카운티의 측량사 보조로 임명된 뒤, 17세 때 정식 측량사로 활동하며 실제로 산악 지대를 측량했다. 워싱턴은 측량 이론과 도구를 활용해 버지니아 서부의 경계를 정하고, 마운트 버논 농장의 토지 분할과 경계 표시를 직접 주도했다. 그의 서재에는 윌리엄 레이본의 『완전한 측량사(The Compleat Surveyor)』 같은 실용 서적이 있었으며, 이렇게 익힌 지식을 바탕으로 자신의 영지를 설계하고 주변 농지 사이의 분쟁을 막았다. 나아가 미국 독립 전쟁 시기에는 군대 동원 규모와 보급량을 파악하기 위해 통계적 사고를 적용했다. 워싱턴은 각 지역의 인구 수, 군병 수, 무기와 식량의 양 등을 계산해 군사 계획과 조달을 세웠고, 대통령 재임 때는 1790년 미국의 첫 인구조사를 후원하여 대표 의원 수와 세금 징수 기준을 정하는 데 필요한 기초자료를 마련했다. 마운트 버논 농장 관리에도 수학·측량·통계 기술이 큰 역할을 했다. 그는 넓은 농지의 각 구획을 측정해 면적과 수확량을 계산하고, 재배하는 곡물마다 필요한 물자량을 산출했다. 워싱턴의 일기와 회계부에는 재배 면적, 가축 수, 판매 수익 등이 상세히 기록되었는데, 이를 분석해 효율성을 개선한 것이다. 특히 그는 영국 등 외국 농업 서적에서 소개된 윤작법과 새로운 비료 사용법을 받아들이며, 토지 생산성을 높였다. 또한 워싱턴은 통계적 개념을 중시하여 행정에도 반영했다. 1787년 의회 제헌회의 당시 그는 인구 비례에 따른 대의원 배분과 세금 부과 기준을 마련하는 일이 수치적 자료에 의존해야 한다고 생각했다. 대통령 재임 후 1790년 첫 공식 인구조사가 의회에서 통과되어 시행되었는데, 워싱턴은 이를 정책 수립에 유용한 통계 자료로 인정했다. 이로써 연방 정부는 정확한 인구와 재산 목록을 확보했고, 이는 각 주의 대표 수와 세율 결정에 활용되었다.

물리학의 태동과 전기 연구
벤저민 프랭클린의 시대

뉴턴 역학의 영향 아래 발전했던 18세기 물리학에서는 특이나 전기-자기 현상에 대한 연구가 활발해졌다. 뉴턴 역학 이후 유럽 학계는 힘·질량·가속도에 이어 전기와 자기라는 새로운 보이지 않는 힘을 추적하기 시작했고, 라이덴 병 실험*과 정전위 장치** 덕분에 전기는 재현 가능한 자연 법칙으로 자리 잡았다. 북아메리카에서는 벤저민 프랭클린이 연실에 쇠열쇠를 매단 연을 번개 속으로 띄워 전기가 하늘과 땅을 오가는 동일한 유체임을 증명함으로써, 번개를 벼락으로만 생각하며 두려워하던 식민지인에게 과학적 사고로 공포를 제어할 수 있다는 메시지를 선사했다.

조지 워싱턴은 과학적 발견을 적극 받아들였다. 특

---

* 18세기 정전기 실험 도구로, 유리병에 금속 호일과 전극을 설치해 전기를 저장할 수 있게 한 최초의 축전기 실험.

** 전기적 위치 에너지가 일정한 상태를 유지하는 장치로, 전위차 없이 전하를 이동시켜 전기 회로의 안정성을 확보했다.

히 벤자민 프랭클린의 전기 실험과 피뢰침에 깊은 인상을 받아 마운트 버논의 저택과 외양간, 과수원 등 곳곳에 구리 피뢰침을 설치했다. 이는 당시로서는 최신 안전 기술이었으며, 번개로부터 가옥과 인명을 지키는 방법이었다. 워싱턴은 또한 증기기관 혁명에도 관심을 보였다. 독립 전쟁 후 유럽에서 증기기계의 논의가 활발해지자 그는 자신의 농장과 마을에 증기 동력을 활용할 수 있는 시설 건설을 검토했다. 실제로 그의 위스키 증류소(1797년)는 말발굽 형태의 기계 장치를 사용했는데, 이는 초기 산업용 기계의 도입 사례로 볼 수 있다. 그 밖에 워싱턴은 총포의 사거리와 궤도를 계산할 때 물리 법칙이 중요하다는 점을 이해했다. 전쟁 중 포병대가 포탄 궤도 계산에 뉴턴 역학을 적용하도록 격려했고, 요새와 진지 설계에도 각도 산정과 중력 등 물리학 이론을 활용했다. 이처럼 워싱턴은 발사체의 탄도 계산부터 군사 건축 설계까지 물리 법칙을 감안하도록 하여 자신의 지휘와 계획을 지원했다. 워싱턴은 전기와 기계뿐만 아니라 자연 현상의 규칙성이 삶에 큰 영향을 준다고 믿었으며, 그 지식을 자신의 농장 경영과 군사 전략에 유용하게 적용했다. 그는 과학자들의 연구 결과를 생활과 정책에 받아들여 실행에 옮겼고, 재난 대비와 생산성 증대를 위해 적극적으로 기술을 사용했다.

천문학의 발전과 항해술

17세기 말에서 18세기에 걸쳐, 갈릴레오, 케플러, 뉴턴의 계보를 잇는 천문학적 발견들이 쏟아져 나왔다. 개선된 망원경·정밀 시계·로그표 덕분에 18세기 천문학은 해와 달, 행성의 궤도를 시공간 좌표로 정확히 측정할 수 있었다. 에드먼드 핼리가 혜성 주기를 예측하고 존 해리슨이 해상용 크로노미터를 완성하면서, 대양 항해의 기록은 체계적으로 수치화되었다.

조지 워싱턴이 이러한 변화를 체감한 첫 경험은 1777년 1월 8일, 뉴저지 전선을 종단하던 중 곧 일식이 오니 부대의 동요를 미연에 막으라는 펜실베이니아 안전위원회의 경고 편지를 받은 사건이었다. 워싱턴은 이에 감사 서한을 보내기도 하였다. 이는 그가 군사·사회 통제를 위해 천문 정보를 활용한 첫 기록으로 남았다.

이후에는 농장 경영에도 천문학이 조금씩 녹아들었다. 워싱턴은 태양 고도나 계절에 따라 파종과 수확 시기를 조정했다. 이처럼 워싱턴은 당시 일반인들이 사용하던 태양과 별에 기반한 항법과 천문 관측법을 일상의 의사결정에도 활용했다. 비록 그가 천문대를 세우거나 항해술을 연구하지는 않았지만, 18세기 천문학과 항해술의 발전을 인정하고 이 기술들이 농업과 전쟁에서 실질적 도움을 주도록 응용했다.

화학·공업 기술과 농업 혁신
새로이 떠오른 실용 과학

18세기 말까지 화학과 산업 기술은 눈부신 변화를 겪었다. 라부아지에는 1770년대에 산소·수소·질소 같은 원소의 존재를 확인하고 연소와 호흡의 원리를 밝혀냈다. 캐번디시는 수소를 발견했고, 프리스틀리는 산소를 분리했다. 이러한 기초 화학 지식은 비료 제조와 금속 제련, 염료와 약제 제조법으로 응용되었다. 한편 공업 혁명의 도래로 증기기관과 방적기 등 기계가 속속 개발되었다. 영국에서 처음 도입된 기계식 방적기와 방직기가 미국에도 소개되었고, 곡물 제분·목재 절단용 공장, 철공소가 생겨났다. 농업 분야에서는 옥수수나 밀의 개량종이 등장하고, 윤작법(다양한 작물을 순환 경작하는 방식)이 널리 확산되었다. 비료로는 동물 분뇨와 석회가 사용되었으며, 농사 효율을 높이기 위한 다양한 기구들이 고안되었다. 조지 워싱턴은 농장주로서의 자부심을 가진 인물로, 새로운 농업 기술을 적극적으로 도입했다. 초기에 담배 재배로 생활비를 충당했으나 곧 담배가 토양을 황폐화함을 깨닫고 1760년대 후반부터 밀·귀리 등 곡물 중심으로 전환했다. 그는 영국식 윤작법을 적용하여 옥수수·밀·초목을 순환 재배했고, 파종 전 모든 밭에 석회를 뿌려 토양을 개량했다. 워싱턴은 마운트 버논 일대 5개 농장의 경작지를 체계적으로 관리하며 파종 면적과 수확량을 상세히 기록했고, 데이터를 분석해 경작 방법을 개선했다. 또한 그는 가축 개량에도 힘썼다. 산업 기술 면에서도 워싱턴은 선구자였다. 그는 1770년대에 개인용 방앗간과 제재소를 건립했으며, 1797년에는 자신의 농장에서 나오는 곡물로 위스키를 생산하는 대규모 증류소를 지었다. 이 증류소는 당대 최대 규모였고, 옥수수 발효와 증류라는 화학 공정을 적용하여 농산물을 고부가가치 상품으로 전환했다. 공장에는 말발굽 모양의 도르래와 톱니바퀴가 사용되었고, 일꾼들은 기계를 손쉽게 작동시킬 수 있었다. 워싱턴은 또한 해외 기술을 받아들이기 위해 노력했다. 1790년 그는 미국 최초의 특허법에 서명하여 발명가들의 권리를 보호했고, 이를 통해 새로운 기계와 제조법이 미국에서 개발될 여건을 조성했다. 더불어 그는 1785년 포토맥강 항로 개척 회의*에 참여하여 수로와 운하 건설을 논의하는 등, 초기 인프라 확충에도 관심을 보였다.

---

* 버지니아·메릴랜드 대표가 워싱턴 저택에 모여 포토맥·체사피크 수로 개발을 논의. 이 만남이 훗날 1787년 필라델피아 제헌회의로 이어지는 촉매가 되었다.

500

기술
과학

George Washington

500 기술과학 일반
조지 워싱턴이 살던 시대의 기술과학 발전 상황

인쇄·신문 혁신과 정보 통제

18세기 중엽 유럽과 북아메리카에서는 활자 합금·주조의 정밀도가 향상돼 내구성과 인쇄 품질이 크게 개선되어, 하루에 수천 부를 찍어내는 공장 단계에 접어들었다. 프랑스의 디도 가문은 활자 크기 단위를 통일하고, 대량 인쇄의 정밀성을 높였고, 뉴헤이븐의 시계공 아이작 둘리틀은 1769년 첫 미국제 인쇄기를 제작했다. 1800년에는 스탠호프 철제 인쇄기가 등장해 19세기 초부터 미국과 유럽에 보급되기 시작했다.

근대식 철제 인쇄기의 시범 가동까지 겹쳐, 필라델피아·뉴욕·보스턴의 조간·주간지는 상업 광고, 항해 소식, 정치 논설을 속보라는 이름으로 그 시대의 가장 핵심적인 정보를 실핏줄처럼 퍼뜨렸다. 이 덕분에 식민지 여론은 처음으로 신뢰할 만한 실시간 정보를 요구하기 시작했다.

워싱턴은 이런 변화를 군사·정치 전략의 핵심으로 보았다. 1777년 7월 펜실베이니아 캠프에서 그는 의회에 휴대용 야전 인쇄기 임차를 건의해, 군령·첩보 요약본을 즉시 복제, 배포하는 구상을 제시했다. 대륙회의가 비용 문제로 보류하면서 실제 배치는 성사되지 않았지만, 워싱턴은 빠른 명령 체계가 전쟁의 승패를 가른다고 생각했던 것이다.

헌법 비준 논란이 격화된 1787~1788년, 그는 개인 서신으로 『페더럴리스트 페이퍼스』*를 지인·주요 인사에게 돌리며 비준 여론을 독려했다. 대통령 재임 뒤에는 제임스 와트가 1780년 특허 낸 습식 복사기

---

* 뉴욕 신문 연재 85편을 모은 헌법 옹호 논설집으로, 오늘날까지 미국 연방헌법 해석의 기본 사료로 인용된다.

를 집무실에 들여 손수 쓴 편지를 얇은 종이에 눌러 복사본을 보관했다. 이 장비는 미국 정부 문서 보존 체계를 여는 상징적 도구였다.

수력 방앗간 자동화와 제조 혁신

초기 산업사회에서는 하천의 흐르는 힘을 이용한 수차(물레방아)[*]가 주 동력이었다. 수차는 분쇄기나 제재소의 축을 직접 돌려 곡물 분쇄와 제분을 가능케 했다. 이러한 전통적인 방식에 비해 올리버 에반스(Oliver Evans, 1755~1819)는 1785~1786년 델라웨어 뉴포트에 전자동 제분소를 세웠다. 에반스의 설계는 수차에서 시작된 동력이 벨트와 기어를 통해 각 공정으로 연결되는 일종의 생산 라인이었다. 특히 곡물 알갱이를 컨베이어 벨트로 위층으로 들어 올리는 버킷 엘리베이터와 나선형 통 안에서 곡물을 밀어내듯 이송하는 장치인 스크류 컨베이어, 그리고 분쇄된 밀가루를

---

* 물이 바퀴를 돌려 회전력을 만드는 장치

넓게 펼쳐 가루를 식히는 회전판인 호퍼보이를 비롯한 여러 장치를 결합해 제분 공정을 자동화했다.

이러한 장치들이 조합된 에반스의 제분 시스템에서는 노동자는 최초 구동 외에는 거의 손을 쓰지 않았다. 물레방아의 힘으로 곡물을 한쪽 끝에서 집어넣으면 기계가 자동으로 이송·분쇄·정제하여 반대편 끝에서 완성된 밀가루를 배출했다. 에반스는 이러한 자동화로 생산비를 약 절반으로 절감할 수 있었다고 평가했다. 올리버 에반스의 혁신은 워싱턴의 관심을 끌었다. 워싱턴은 1790년 특허청 심사 과정에서 에반스의 자동화 설비를 알게 되었고, 실제 가동 사례를 탐방했다. 당시 델라웨어 윌밍턴의 밀 방앗간과 버지니아의 오코퀀 밀방앗간에는 이미 에반스식 부품이 설치되어 있었고, 워싱턴은 윌밍턴 근처에 있던 조셉 타트날(Joseph Tatnall) 소유 밀방앗간의 에반스 시스템을 직접 조사했다. 실물을 확인한 워싱턴은 1791년부터 자신의 마운트버논 제분소에 에반스 시스템을 도입하기로 결정했다. 워싱턴은 에반스의 특허 사용권을 구입하여 제분소를 개조하였고, 이듬해 설치가 완료되자 제분 효율이 크게 향상되었다. 이처럼 워싱턴은 새로운 수력·자동화 기술을 받아들여 농장 운영에 적용함으로써 생산성을 높이는 데 관심을 보였다. 에반스는 제분 외에도 증기 기관 기술에 관심을 갖고 농업용 기계도 개발했다. 그는 곡물을 뿌리는 파종기나 톱방아 등을 작동하도록 고안했고, 1805년에는 체인식 버킷 엘리베이터 원리를 활용한 증기 추진 준설선을 완성했다. 이 준설선 '오루크터 암피볼로스(Orukter Amphibolos)'는 물과 육지를 오가며 운행했고, 미국 최초의 증기 구동 육상차량으로 평가된다. 에반스는 후에 스팀 엔진을 농업용과 제지용 등 다양한 산업에 활용하고자 노력했으며, 그의 저서에서 정부의 기술 지원 필요성을 언급하기도 했다.

시계·크로노미터와 군사-항해 동기화

'분과 초를 정복한 기술'이라는 별칭을 가진, 1759년 존 해리슨이 선보인 H4 해상 크로노미터는

1761·1764 해상 시험에서 경도 오차를 2~3 km 수준으로 줄였다. 보험 업계는 정확한 항해 덕에 손실 위험이 줄어든다고 관측했고, 이후 1790년대부터 네덜란드·프랑스 상선도 영국·프랑스산 크로노미터를 채택하기 시작했다.

워싱턴은 측량 견습 시절 런던산 회중시계를 구입해 일몰 시각을 매일 확인했다. 트렌턴 기습 전야(1776년 12월)에는 참모 40명의 시계를 자신의 시간에 맞춰 초침이 완전히 겹칠 때까지 돌려라라고 명령해 두 대의 대대를 동시 공격시켰다는 야전 일지가 남아 있다.

정치 행정에서도 워싱턴은 시간의 정합성을 강조했다. 여러 주가 각자 태양시를 쓰는 탓에 우편과 역마차 시각이 뒤섞이자, 그는 1793년 국정 연설에서 도량형 통일의 필요성을 제기했다. 법제화는 19세기 후반에야 이뤄졌지만, 국가 단위 시간 동기화에 대한 최초의 문제의식은 워싱턴에게서 비롯됐다.

포토맥강 내륙 운하 사업
동서를 잇는 수로 대동맥

미국 건국 초기, 워싱턴은 동부와 서부를 연결하는 수로 기반 시설의 중요성을 인식하고자 노력했다. 그 대표적인 예가 포토맥 운하 회사의 설립이다. 포토맥 운하 회사는 버지니아와 메릴랜드가 공동으로 설립한 민간기업으로, 1784년 말 메릴랜드, 1785년 초 버지니아가 차례로 인가해 1785년에 공식 출범했다. 이후 포토맥강을 개량하여 조지타운(현재의 워싱턴 D.C.)과 서부 애팔래치아 간 내륙 교역로를 구축하려 했다. 이 사업은 워싱턴의 적극적인 지원을 받았다. 1784년 워싱턴은 동료 장군 호레이쇼 게이츠(Horatio Gates)와 함께 메릴랜드 의회가 참여하도록 설득하기 위해 애너폴리스로 갔고, 그 공로를 인정받아 메릴랜드와 버지니아에서 회사 설립 법안이 통과되었다. 이후 버지니아 측 위원회는 워싱턴, 게이츠, 토머스 블랙번(Thomas Blackburn) 등을 위원으로 임명하여 내륙 수로 문제를 검토했고, 이들은 알렉산드리아

회의와 마운트버논 회의를 거쳐 프로젝트 계획을 확정했다. 1908년의 내륙수로 위원회 보고서는 1785년 워싱턴의 영향으로 포토맥강 개선 논의가 시작되어, 결국 헌법 제정으로 이어졌다고 평가할 정도로, 워싱턴과 포토맥 프로젝트는 국가 통합의 상징적 계기가 되었다. 포토맥 운하 회사는 구체적으로 포토맥강의 주요 폭포 구간을 우회하는 다섯 곳의 운하를 건설했다. 계획에 따르면 포토맥강 상류 구간을 정비하는 데 3년, 주요 폭포(리틀폴스·그레이트폴스) 구간에 우회 운하와 갑문을 건설하는 데 10년이 배정되었다. 갑문은 두 개의 수문 사이에 선박을 넣은 뒤 물을 채우거나 빼 수위를 조절하여 배를 상하로 움직이는 구조물로, 높은 폭포를 우회할 때 필수적이었다. 즉 갑문의 물높이를 조절함으로써 선박은 급격한 고저차를 안전하게 넘을 수 있었다. 워싱턴은 이 공사에 제임스 럼지(James Rumsey)를 수석 기술자로 참여시키기도 했다. 그러나 이 프로젝트는 막대한 자본과 노동력을 요구하여 여러 난항을 겪었다. 설립 초기에는 노예 사용을 피하려 했으나 결국 유급 인력과 노예 인력을 혼합해 활용했다. 자금 조달의 어려움과 법적 분쟁으로 목표했던 오하이오 유역 연결 구간까지 운하를 완공하지 못했지만, 건설된 운하와 갑문은 19세기 초까지 포토맥강 상류 탄광·광석 운송에 활용되었다. 이처럼 운하 건설과 갑문 설계는 초기 미국의 중량물 수송을 가능하게 한 획기적 기술 기반을 제공했으며, 워싱턴이 주창한 동서 교역로 확대 구상을 일부 실현했다.

증기 추진의 첫 불꽃
럼지·피치 실험을 밀어 준 대통령

18세기 후반, 미국에서는 증기 기관을 이용한 선박 추진 실험이 활발히 진행되었다. 대표적 발명가가 제임스 럼지와 존 피치(John Fitch)였다. 두 사람 모두 물 위에서 증기 엔진을 시험했으나 접근 방식은 달랐다. 럼지는 배 뒤에서 물을 분사하여 추진하는 수로식(水車式) 선박을, 피치는 틀에 박은 노나 패들을 회전시키는 방식을 각각 개발했다. 럼지의 경우 1784년 인력을 이용한 펌프 구동 방식의 제트 보트 모형을 시연했고, 여기서 당시 미 원수였던 워싱턴의 눈에 들어갔다. 워싱턴은 럼지의 모형을 지켜본 뒤 일기장에 처음에는 다소 비현실적으로 여겼으나, 실험을 통해 이것이 내륙 운송에 큰 효용이 있을 수 있음을 확신했다고 기록했다. 워싱턴의 공식 승인은 럼지에게 큰 자금 조달의 계기가 되었다. 덕분에 럼지는 1787년 12월 포토맥강 양키타운(현재 웨스트버지니아주 셰퍼즈타운) 부근에서 길이 14m 정도 되는 목제 증기선을 띄워 시연할 수 있게 되었다. 이 배는 증기 엔진을 가동시켜 3~4노트의 속도로 상류로 항해하며 관중을 놀라게 했다. 그러나 럼지는 이후 영국 출장 중 사망했다. 결국 보다 실용적인 증기선 설계는 20년 후 로버트 풀턴의 '클레르몽'이 주도하게 된다.

피치는 독립 전쟁 직후부터 뉴저지 필라델피아 일대에서 증기선을 개발했다. 그는 1785년 펜실베이니아 철학협회(American Philosophical Society)에서 증기선 구상을 발표했고, 자금 모금을 위해 1787년 8월 필라델피아에서 헌법 제정회의 대표들을 초청해 자신의 소형 증기선을 시연했다. 이 배는 동력 패들을 가지고 있었고, 장거리 운항을 목적으로 했던 피치는 1790년경 배를 개량하여 필라델피아부터 트렌턴까지 이어지는 구간에 승객을 태우는 운항까지 시도했다. 피치는 프랭클린·워싱턴·제퍼슨 등 유명 인사들에게 보조금 지원을 요청했으나 큰 도움을 받지 못했다. 1791년에 그는 워싱턴과 제퍼슨이 서명한 증기선 특허도 한 장 획득했으나, 경쟁자들에게 독점권을 인정해 주지 않는 형태라 실질적 이익은 없었다.

그럼에도 럼지와 피치의 증기선 실험은 국가 차원에서도 의미가 있었다. 워싱턴은 이들의 성과를 주시하며 초창기 연방 해군의 장비 개선을 검토했고, 의회도 해양 기술에 관심을 기울였다. 특히 럼지의 경우는 미증기선 기술의 선구자로 기억된다. 이들의 도전은 이후 1807년 풀턴의 성공으로 이어지는 미국 증기선 개발의 씨앗이 되었다.

도로와 우편·정보·물류를 이어 준 지상 네트워크

워싱턴 시대의 미국은 광활한 국토를 통합하기 위해 도로와 우편망 건설에 국가적 역량을 투입했다. 당시 미국 헌법에서는 의회에 우체국과 우편도로를 설치할 권한을 부여하였다. 즉, 연방 정부는 주간을 연결하는 주요 도로망을 확보하여 우편물을 수송하고 군사·상업 통로로 활용할 수 있게 되었다. 실제로 1789년 미국에는 약 75개의 우체국과 2,400마일에 달하는 우편 도로망이 구축되어 있었다. 워싱턴 행정부는 1792년 우편법(Postal Act of 1792)에 서명함으로써 근대 우편 제도의 틀을 마련했다. 이 법은 신문을 저렴한 요금으로 우송하도록 허용하여 언론과 여론 형성을 촉진했고, 우편물의 사적 개봉을 범죄로 규정하여 통신의 사생활을 보호했다. 워싱턴은 자유로운 정보 유통을 강조했으며, 저렴한 우편 요금 정책은 신생 공화국 곳곳으로 정치·문화 정보를 퍼뜨리는 데 기여했다. 한편 주요 도로 건설은 주로 민간 자본에 의해 추진되었지만, 워싱턴은 연방 차원의 도로망 확충을 장려했다. 그는 의회에 서부 개척지를 잇는 국도 건설을 촉구했으며, 마치 주간 항로를 연결하는 군사 도로 개념으로 도로 사업을 구상했다. 이후 최초의 연방 도로 건설이 19세기 초에 시작될 수 있었던 배경에는 워싱턴 행정부의 도로 정책과 우편 도로 명시 권한이 큰 역할을 했다. 이처럼 도로와 우편망에 대한 연방 차원의 투자는 국가 통합과 상업 활성화, 국방력 강화를 위한 기반으로 작용했다.

510 의학
조지 워싱턴이 살던 시대의 의학 발전 상황

유럽 의학의 발전

18세기 후반 유럽에서는 경험과 해부학에 기반한 근대 의학이 성장했다. 런던에서는 스코틀랜드 출신 의사들이 수술과 산과 분야를 이끌었는데, 영국의 외과의사였으며 당시 가장 뛰어난 과학자인 존 헌터(John Hunter)는 비교 해부학과 생리학 연구를 수행하여 외과학을 과학적으로 발전시켰다. 그의 동생 윌리엄 헌터는 해부학 교육의 명성을 높였고, 윌리엄 스멜리(William Smellie)는 세 권짜리 산과 교과서를 펴내

산도구의 안전한 사용을 체계화했다. 조반니 바티스타 모르가니(Giovanni Battista Morgagni)는 1761년 『질병의 장소와 원인』을 출간하여 해부 소견과 임상 증상을 연결함으로써 병리학의 기초를 놓았다. 공중위생과 정신의료에서도 개혁이 있었다. 18세기에 접어들면서 인구통계 작성과 건강법 제정 논의가 시작되었고, 1793년 프랑스의 필립 피넬(Philippe Pinel)은 파리 정신병원에서 환자들의 쇠사슬을 풀어 인도적 치료를 도입했다.

이러한 변화 속에서도 이 시기는 세균이나 바이러스 개념이 없었던 과도기로, 치료는 대부분 증상 완화에 집중되었다. 출산 중 과도한 피를 뽑거나 구역제를 쓰는 비과학적 요법이 여전히 흔했으나, 위에서 언급한 혁신들은 근대 의학의 초석이 되어 19세기 이후 백신과 위생 개념 발전의 기반이 되었다.

북미 식민지 의학의 토대

18세기 북미 식민지에는 정형화된 의료 제도가 없었다. 목사나 농부가 약초 치료를 하기도 했고, 숙련된 의사는 드물었다. 이런 열악한 환경 속에서 1751년 펜실베이니아 병원이 프랭클린 등에 의해 설립되어 무료 진료와 의학 연구의 기초를 마련했다. 의학 교육도 차츰 갖추어져, 1765년 필라델피아 대학교에 미국 최초의 의과대학이 문을 열었다. 뒤이어 1767년 뉴욕 킹스칼리지와 1768년 필라델피아 의학대학 등도 설립되었다. 시골에서는 의사나 약품 구입이 어려워 많은 가정이 라벤더, 쑥, 세이지 같은 약초로 질병을 치료했다. 이를 돕기 위해 민간 처방서가 인기 있었고, 열병이나 통증에는 약초 차를 이용하는 민간요법이 쓰였다. 이러한 제약에도 불구하고 북미 의학은 점차 체계를 갖추어 갔다. 영국과 교류가 활발해지며 유럽 의학 지식도 전해졌고, 이후 독립전쟁 중에는 대륙군도 자체적인 의료부를 조직하게 되었다.

예방의학과 질병 통제

18세기 의학의 또 다른 축은 전염병 예방이었다. 천연두 예방을 위한 인두법(variolation)이 인도에서 터키를 통해 영국으로 전해져 널리 보급되었다. 이 방법은 건강한 사람에게 천연두 환자의 가벼운 바이러스를 주입하여 면역을 유도하는 초기 형태의 접종법이었다. 1796년 에드워드 제너는 소의 우두 바이러스를 이용한 우두법을 개발해 천연두 예방법을 한층 진보시켰다.

한편 이 시기에 공중 위생에 대한 인식도 생겨났다. 인구통계 조사가 시행되었고, 건강법 및 격리법 도입 논의가 일어났다. 도시 인구 증가와 산업혁명에 앞서 위생 문제가 중요해지기 시작한 것이다. 당시에는 질병도 만연했으며, 일부에서는 증상 완화를 위해 사혈, 구토제 같은 전통 치료법도 사용되었다. 이 시기에도 적절한 치료제가 부족했으므로 전통 요법이 쓰였지만, 병원체 개념이 없는 상태에서도 면역 연구와 예방 조치에 대한 인식은 전 세대보다 높아졌다.

즉, 18세기 말의 예방의학은 백신 이전 단계로서 초기 과학적 시도와 민간요법이 혼재된 과도기였다. 또한, 일부 의사와 계몽주의자들은 깨끗한 공기와 환기의 중요성도 강조하기 시작했으며, 이는 훗날 위생 개념으로 이어졌다.

군의학의 변화와 워싱턴

18세기 군대에서는 전투 부상보다 질병으로 인한 사망률이 더 높았다. 미국 독립전쟁에도 예외가 아니어서, 대륙군 사망자의 약 70%가 천연두·이질·장티푸스 같은 전염병으로 쓰러졌다. 조지 워싱턴은 1775년 7월 27일 총사령관으로 부임한 지 열흘 만에 대륙회의가 제정한 종합병원과를 바탕으로, 연대·여단 외과와 야전 병원을 갖춘 의료 체계를 추진했다. 1777년 2월 그는 대륙군 신병 전원에게 천연두 예방접종을 하도록 명령했는데, 이는 미국 역사상 최초의 집단 예방접종 정책으로 평가된다. 워싱턴은 의심 환자를 격리하여 추가 전염을 막았고, 접종 기간 중에도 군사 훈련을 지속하도록 해 효과를 극대화했다. 존 애덤스조차 천연두가 적군보다 우리에게 더 큰 해를 끼쳤다고 기록할 만큼 전염병 피해는 막대했다. 워싱턴의 이러한 조치는 전염병으로 인한 희생을 크게 줄이고 병력 보존에 기여했다. 그는 또한 각 여단마다 군의관과 야전병원을 배치하여 군의 의료 체계를 강화했다. 1775년 대륙 의회는 정식으로 의료부를 창설하여 의무 제도를 제도화했다. 당시 군의관, 간호병, 약제사들은 대부분 간단한 훈련만 받은 경우가 많았다. 워싱턴은 전속 군의관으로 제임스 크레이그를 임명하고, 대학 교육을 받은 의사들을 적극 충원하여 의료진 수준을 높였다. 당시 의무부는 마취제와 항생제가 없어 부상 치료가 어렵고, 홍역이나 장티푸스 같은 전염병이 군대에 큰 위협이 되었다. 그럼에도 불구하고 워싱턴은 인두 접종 등의 예방책과 격리, 위생 강화로 질병 확산을 억제하고자 노력했다. 결국 대륙군은 초기 의료 공백을 극복하며 점차 체계를 갖추었다. 1780년대에 들어서는 야전병원 규모가 커지고, 군내 건강 통계 집계 등의 현대적인 행정 절차가 도입되었다.

워싱턴의 개인 건강 관리

워싱턴은 의학과 건강에 강한 관심을 가졌다. 그는 어린 시절부터 운동과 적절한 식사, 충분한 수면을 통해 건강을 유지하고자 했으며, 담배는 재배했지만 흡연은 삼가고, 코담배만 가끔 사용했다. 워싱턴은 이러한 생활습관과 관리 덕분에 67세까지 장수했다. 워싱턴은 자신의 건강을 위해 관련 서적을 탐독하였고, 사망 시 그의 개인 도서관에는 의학 서적이 10권 가량 남아 있었다. 그는 또한 유럽에서 기나나무 껍질을 비롯한 약초와 약제를 주문하여 말라리아성 열병 치료에 활용했다.

워싱턴은 개인 건강뿐 아니라 가족의 건강에도 신경을 썼다. 1771년 그는 마사 워싱턴의 자녀들에게 천연두 예방접종을 시행했고, 1776년 마사 본인도 접종하도록 격려했다. 한편, 워싱턴 자신도 수차례 큰 병을 앓았다. 1755년 프렌치 인디언 전쟁 당시 그는 심한 이질·발열로 인해 10일 넘게 고통받았으며 수주간 회복 뒤 전투에 복귀했다. 흥미롭게도 워싱턴은 1751년 젊은 시절 바바도스 여행 중 천연두에 감염되어 약 3주간 고열에 시달렸는데, 완쾌 후 얻게 된 면역은 이후 그가 접종 없이도 천연두에 대비할 수 있는 행운이 되었다. 평상시에는 승마나 사냥 등 격렬한 야외 활동을 즐기며 체력을 단련했다. 이처럼 워싱턴은 가족과 군대는 물론 자신의 건강을 체계적으로 관리함으로써 당대 의학 지식을 실천에 옮긴 대표적 인물로 평가받는다.

600

예술

George Washington

600 예술 일반
예술 속 조지 워싱턴의 모습

조지 워싱턴은 미국 역사에서 혁명가이자 초대 대통령으로서 국민의 존경을 받았다. 그의 이미지는 건국 초기부터 미국인들의 마음속에 깊이 자리 잡았으며, 우표와 화폐부터 회화, 조각, 건축물, 대중매체에 이르기까지 다양한 형태로 재현되었다. 예를 들어, 미국이 발행한 최초 우표(1847년)에는 워싱턴의 초상이 그려졌고, 이후 워싱턴은 19세기 후반부터 1달러 지폐의 얼굴이 되었다. 이처럼 백여 년 이상 동안 그의 얼굴은 일상적 물건에서부터 예술작품에 이르기까지 반복적으로 등장하여 미국의 시각적 아이콘으로 자리매김해 왔다.

회화

워싱턴의 이미지를 형성한 시각예술 분야는 단연 초상화다. 미국 예술계에서는 미국인들이 초대 대통령을 떠올릴 때 길버트 스튜어트의 초상화들을 주로 연상한다고 평가할 만큼, 스튜어트의 회화가 워싱턴의 표준 이미지가 되었다. 길버트 스튜어트의 대표작인 〈랜즈다운 초상〉(1796)은 64세의 워싱턴을 그린 대형 초상화로, 현재 스미스소니언 미술관이 소장하고 있다. 이 그림은 수많은 복제품이 제작되어 국회의사당, 백악관 등을 비롯한 공공장소를 장식했다. 특히 1814년 영국과의 전쟁 도중에는 돌리 매디슨 여사가 백악관 화재를 피해 스튜어트의 복사본을 구해냈다는 유명한 일화가 있다. 이러한 일화는 워싱턴 초상이 미국인들에게 애국적 정신의 상징으로 인식되었음을 보여준다.

그림 1. 길버트 스튜어트,
〈랜즈다운 초상〉, 1796. 캔버스에 유화

다른 작가들도 워싱턴을 역사적 순간에 등장하는 영웅으로 묘사해 왔다. 예를 들어, 독일계 미국인 화가 에마누엘 로이체의 〈델라웨어 강을 건너는 워싱턴〉(1851)은 실제 역사보다 극적으로 부풀려진 장면이지만, 트렌턴 전투 당시 델라웨어 강을 건너는 워싱턴을 용감한 지휘관으로 보여주어 널리 사랑받는 이미지가 되었다.

그림 2. 에마누엘 로이체,
〈델라웨어 강을 건너는 워싱턴〉, 1851. 캔버스에 유화

이 작품과 같이, 워싱턴을 민중적 영웅으로 그린 회화들이 19세기 중반에 유행하며 그의 이미지를 신화화했다. 한편, 워싱턴의 모습은 다시 렘브란트 필

에 의해 1795년과 사망 직후인 1820년대에도 여러 차례 그려져, 이상화된 초상으로 널리 퍼졌다.

그림 3. 렘브란트 필, 〈조지 워싱턴〉, 1850. 유화

이처럼 회화를 통해 워싱턴은 로마의 킨킨나투스 (Cincinnatus)*처럼 묘사되며, 미국 공화국의 도덕적 이

---

* 로마 공화정 초기의 농부 출신 귀족으로, 독재관으로 선출돼 군사 위기를 수습한 뒤 권좌를 즉시 내려놓고 밭으로 돌아간 무욕과 헌신의 상징적 인물. 18세기 미국 공화주의자들은 권력을 행사하되 사익을 탐하지 않는 지도자를 갈망하며 워싱턴을 이에 빗대어 칭송했다.

상을 상징하는 인물로 자리잡게 되었다.

조각

조각 분야에서도 워싱턴 상(像)은 수없이 만들어졌다. 프랑스 조각가 장앙투안 우동(Jean-Antoine Houdon)은 생전의 모습을 본떠 1785년 버지니아 주 의사당에 둘 대리석 전신상을 제작했다. 생전 그의 얼굴 주형을 뜨고 실제 신체 치수를 측정해 만든 이 조각상은 워싱턴의 실제 모습과 가장 정확하게 일치하는 것으로 평가된다.

그림 4. 장앙투안 우동
〈조지 워싱턴 조각상〉, 1788

워싱턴은 제복 차림으로 오른손은 지팡이를 들고 서 있으며, 왼손은 몸에 묶은 파스케스*를 만지작거리는 모습으로 표현되었다. 뒷면에는 쟁기와 곡괭이가 부조되어 있어, 왕정으로 변질될 수 있었던 권력을 영웅적이면서도 소박하게 내려놓은 그의 이미지를 전설의 킨킨나투스에 빗대어 보여준다. 우동의 이 원조 조각상은 리치먼드 의사당에 놓였으나, 복제품이 미국 국회의사당에도 설치되는 등 전국적으로 복제되었다. 우동의 조각이 지닌 생동감과 사실성은 이후 워싱턴 조각상의 기준이 되었으며, 미국 리더십의 대표적 상징으로 자리매김했다.

반면 호레이쇼 그리노(Horatio Greenough)는 1832년 연방 정부 의뢰로 대리석으로 만든 워싱턴 조각상을 제작했다. 그리노는 워싱턴을 고대 그리스·로마 신격을 연상시키는 신체 노출이 많은 모습으로 묘사했다. 워싱턴은 헐벗은 가슴에 오른손을 하늘로 치켜들고

---

* 고대 로마 집정관과 독재관의 호위병이 들던 권위적인 표식으로, 여러 개의 막대를 가죽 끈으로 묶고 사이에 도끼날을 꽂아 넣은 형태이다. 18세기 이후 단결한 시민과 국가 권력을 상징하는 공화주의 아이콘으로 재해석되었다.

왼손에는 칼자루를 올리며 칼을 국민에게 돌려주는 공민적 제스처를 취하는 모습이다. 이는 전시가 끝난 뒤 권력을 국민에게 내어놓는 모습을 상징하려 한 것이었다. 그러나 이 조각은 미국 대통령을 벌거벗은 채 신처럼 그리는 것은 부적절하다는 비판을 받았고, 결국 플로리다로 이송되었다가 후에 스미스소니언에 전시되었다. 그럼에도 그리노의 작품은 워싱턴을 고전적 이상과 동시에 리더십을 동시에 보여주려 한 야심작이었다. 이처럼 워싱턴의 조각은 초기 미국인들이 그를 신화와 이상으로 동시에 기리려는 시도로서 중요한 문화유산이다.

그림 5. 호레이쇼 그리노
〈조지 워싱턴 조각상〉, 1840

건축

조지 워싱턴은 전문 건축가는 아니었지만 마운트버논 저택의 증축·개조 구상을 직접 주도했다. 1750년대에 인수한 뒤 중앙 본관을 두 층 반으로 높이고, 1774년 이후 포토맥 강변 쪽에 두 층 높이 기둥이 열을 이룬 피아자를 세워 웅장한 수평감을 강조했다. 1775년에는 지붕 중앙에 팔각형 쿠폴라(작은 전망탑)를 올려 통풍과 조망을 겸하게 했다. 여기에 마운트버논에는 붉은 색 지붕과 바닥부터 기둥이 솟아나는 극적인 외관이 더해져, 웅장하면서도 실용적인 집을 완성했다.

그림 6. 버지니아주 마운트버논 워싱턴 저택 전경

이후 많은 미국인이 이 마운트버논식 설계를 모방했을 정도로, 초기 공화국 시대의 대표적 건축 양식이 되었다.

공공 건축물 중에도 워싱턴의 업적을 기리는 대규모 기념비들이 있다. 가장 유명한 것은 워싱턴 D.C. 내셔널 몰에 세워진 워싱턴 기념탑이다. 이 이집트식 오벨리스크는 1848년 의회에서 건립이 승인되었으나 자금난과 남북전쟁으로 공사가 중단되었다가 1877년에 재개되어 1884년 완공되었다.

높이 169.3 m(555 ft)의 이 석조탑은 미국 역사상 가장 큰 기념비 중 하나로, 특별한 상징 조각 없이도 워싱턴의 이름만으로 국가 통합과 평화의 상징으로 자리매김했으며, 오늘날까지 미국을 대표하는 기념비적 실루엣으로 남아 있다.

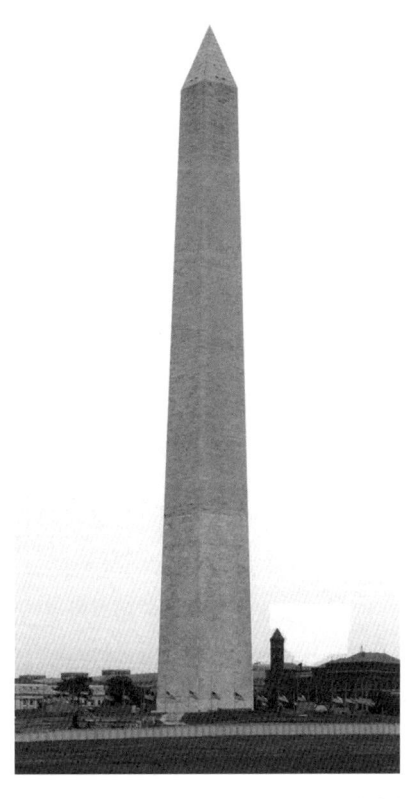

그림 7. 워싱턴 D.C. 내셔널 몰의 워싱턴 기념탑

화폐·우표

워싱턴의 얼굴은 미국 화폐에서도 빠지지 않는다. 그는 1869년부터 1달러 지폐 중앙에 등장해 왔고, 1932년에는 워싱턴이 탄생한 지 200주년을 기념하여 최초의 25센트(쿼터) 동전의 주조 대상이 되었다.

그림 8. 조지 워싱턴이 양각된 미국 25센트 동전 앞면

이 동전은 이후 매년 발행되는 쿼터와 기념 주화의 기본 모티브가 되었다. 이처럼 미국인들은 화폐를 통해 워싱턴의 초상을 끊임없이 마주하면서, 자연스럽게 그를 일상의 일부로 받아들였다.

우표(우편요금 납부증)에서도 워싱턴은 가장 인기 있는 인물이다. 미국 우정국은 1847년 발행된 첫 우표

세트의 하나로 워싱턴 1센트 우표를 내놓았고, 그 뒤로도 수많은 기념·보통 우표에 그의 초상이 등장했다. 이러한 초상의 활용은 미국 우편 역사 전반에 걸쳐 워싱턴이라는 상징적 인물을 확고히 자리매김하게 만든 예라 할 수 있다. 이처럼 화폐·우표는 한 인물에게 반복적으로 상징적 의미를 부여하는 매개체로서 워싱턴의 이미지를 견고히 굳혔다.

그림 9. 조지 워싱턴이 그려진 미국 1센트 우표

공연예술

 연극·뮤지컬 등 공연예술에서도 워싱턴은 종종 등장인물로 그려졌다. 대표적으로 뮤지컬 〈1776〉(1969년 초연, 1972년 영화화)은 미국 독립 선언서 작성을 코믹하게 다루면서 워싱턴 장군(무대에서는 대사 위주로 등장한다)을 비중 있게 묘사했다. 이 작품은 1970년 워싱턴 대통령 탄생 기념일에 백악관 이스트룸에서 특별 공연되기도 했는데, 이는 정부도 워싱턴을 문화적으로 기리는 상징적 사건이었다. 최근에는 〈해밀턴〉(2015) 같은 힙합 브로드웨이 뮤지컬도 워싱턴을 중요한 역할로 묘사한다. 〈해밀턴〉에서 초대 대통령 워싱턴 역을 연기한 배우 크리스토퍼 잭슨은 워싱턴의 고뇌와 인간적인 면모를 표현하기 위해 워싱턴 전기물을 읽었다고 전한다. 이처럼 공연예술에서는 워싱턴을 단순 영웅상이 아니라 '결점 있는 인간'으로도 조명하여, 관객이 역사적 인물을 친숙하게 받아들이도록 돕는다. 무대뿐 아니라 TV나 영화 속에서도 워싱턴이 재현되었다. 예를 들어, 1984년 미니시리즈 〈조지 워싱턴〉이나 조지 워싱턴이 델라웨어 강을 건너 벌인 트렌턴 전투에 대한 미국의 텔레비전 역사 드라마 영화인 2000년 영화 『크로싱』(The Crossing) 등에서 그의 생애가 다뤄졌다.

그림 10. 영화 『크로싱』의 포스터

어린이용 교육 드라마나 다큐멘터리, 오페라, 발레 등에서도 워싱턴은 종종 등장한다. 해외 공연 사례로는 2016년 백악관에서 퇴임을 앞둔 오바마 대통령 부부가 〈해밀턴〉 배우들과 만났던 일화도 유명하다. 이외에 각지의 역사 재연 행사에서는 배우들이 워싱턴으로 분장해 연설을 재현하도 한다.

대중문화

일반 대중문화 속에서 워싱턴의 이미지는 여전히 풍부하게 소비된다. 그의 상징적인 모습은 만화·그림·광고·밈(meme) 등에 차용된다. 앞서 설명한 에마누엘 로이체가 1851년에 그린 〈델라웨어 강을 건너는 워싱턴〉은 워싱턴을 담대한 리더로 미화한 대표적 회화로, 각종 교과서와 포스터에 등장하며 대중에게 친숙하다. 이 그림은 사실 전투 순간을 극적으로 부풀렸지만, 지독한 역경을 헤쳐나간 영웅이라는 신화를 대중에게 각인시켰다.

워싱턴의 얼굴은 현대까지도 기념품과 일러스트의 주제로 쓰인다. 예를 들어 미디어 프랜차이즈나 게임에서는 워싱턴의 이미지가 일상 속에도 스며든다. 비디오 게임 〈어쌔신 크리드 III〉(2012)에서는 워싱턴이 등장인물로 나오며, 확장판에서는 그를 폭군왕으로 묘사하는 우화적 이야기가 전개되기도 한다. 미국 심볼로서의 워싱턴은 테마파크나 애니메이션에서도 부활한다. 디즈니월드 '대통령의 전당(Hall of

Presidents)'에서는 정교한 애니매트로닉스 기반의 워싱턴이 등장해 연설을 재연하며, 이곳을 찾는 관광객에게 살아있는 역사 체험을 선사한다.

  TV 예능이나 코미디에서도 워싱턴은 패러디 소재로 사용된다. 사회 운동이나 광고 캠페인에서도 종종 워싱턴의 말을 인용하거나 그의 상징물을 변형하여 메시지를 전달한다. 해외에서는 미국을 상징하는 인물로 종종 등장한다. 예컨대 영국이나 캐나다의 언론이 정치 풍자를 위해 워싱턴의 이미지를 인용하기도 한다. 이처럼 워싱턴은 역사적 인물을 넘어선 문화적 아이콘이 되었고, 다양한 세대와 국적의 대중이 쉽게 소비할 수 있는 이미지로 확장되었다. 그의 모습은 진지하고 숭고한 서사뿐 아니라 유머러스한 맥락에서도 재탄생하면서, 오늘날에도 여전히 미국과 세계인의 기억 속에 살아 있다.

노래

1780년대, 아직 정식 국가(國歌)조차 없던 신생 미국 공화국에서 애국가요는 공동체 의식을 결집시키는 가장 효과적인 매체였다. 술자리의 축배가, 야전(野戰)의 행진곡, 살롱의 즉흥 합창이 이어지며 우리는 하나라는 자각을 키웠고, 그 중심에는 총사령관이자 초대 대통령이 될 조지 워싱턴이 있었다.

1778년, 필라델피아의 작곡가 프랜시스 홉킨슨(Francis Hopkinson)은 애국 가요 〈워싱턴 장군을 위한 건배〉(A Toast to General Washington)를 발표해 "워싱턴 장군의 건강을 위하여, 잔을 가득 채우라"는 후렴을 대중에 퍼뜨렸다. 그는 1788년 워싱턴에게 헌정한 가곡집 〈하프시코드용 일곱 곡〉(Seven Songs for the Harpsichord or Forte-Piano)에도 이 노래를 수록했는데, 이는 작곡가·작사가 서명이 함께 인쇄된 미국 최초의 세속 가곡집으로 평가된다.

1789년 4월, 워싱턴 취임 주간에 독일계 음악가 필립 파일(Philip Phile)이 작곡한 대통령 행진곡(President's

March)이 뉴욕 연방홀 주변 의전에서 울려 퍼졌다. 이 선율은 1798년, 홉킨슨의 아들 조지프 홉킨슨(Joseph Hopkinson)가 가사를 붙여 〈컬럼비아 만세(Hail, Columbia)〉로 재탄생했다.

"행복한 나라, 컬럼비아 만세! 하늘이 내린 영웅들을 경배하라"로 시작하는 이 곡은 1931년 〈별이 빛나는 깃발〉(The Star-Spangled Banner)이 공식 국가로 제정되기 전까지 비공식 미국 국가로 가장 널리 불렸으며, 오늘날에도 미국 부통령 입장곡으로 연주된다.

19세기 미국 정치가 대중화하면서 선거 캠페인 노래가 유세장의 핵심 도구가 되었다. 워싱턴 자신은 만장일치로 대통령이 되었지만, 1789년부터 워싱턴 지지자들은 1789년 무렵부터 대통령 행진곡의 선율에 즉석 가사를 붙여 거리 유세를 벌였고, 이러한 전통은 1840년 윌리엄 헨리 해리슨 후보의 〈티피카누와 타일러도〉(Tippecanoe and Tyler Too)로 대중적 완성도를 얻었다.

이후 '워싱턴'이라는 이름은 곧 음반과 악보 판매를 보증하는 상표가 되었다. 1889년 행진곡의 왕 존

필립 수자가 작곡한 〈워싱턴 포스트 행진곡〉은 신문사 창간 행사용이었지만, 막 도입된 투 스텝(2-step) 춤과 어울려 미국·유럽에 폭발적 유행을 일으켰다. 곡이 투 스텝 열풍의 표준 반주가 되면서, 행진곡 하나가 사회적 유행을 바꾼 대표 사례로 남았다.

1932년 2월 22일, 워싱턴 탄생 200주년을 기념해 연방정부는 조지 워싱턴 기념위원회를 조직하고 수자에게 〈조지 워싱턴 탄생 200주년 행진곡〉을 의뢰했다. 그날 링컨기념관 앞 광장에서는 해군·육군·해병대 연합악단이 동시에 이 곡을 연주했고, NBC 라디오는 전국에 생중계했다. 언론은 이를 가리켜 행진곡이 국경일을 만들어 냈다고 평했다.

같은 시기 버지니아의 워싱턴 앤 리 대학교는 1910년 교가 〈워싱턴 앤 리 스윙〉을 발표한다. 가사 "어서 외쳐라, 사랑하는 우리 W&L을 위해"는 대학 스포츠 응원가로 변형돼 글렌 밀러·루이 암스트롱 등 빅밴드 거장들이 연주했다. 현재 미국 다수의 대학이 곡조를 변형해 파이트 송(Fight Song)으로 사용한다.

21세기에 들어 린 마누엘 미란다의 힙합 뮤지컬 〈

해밀턴〉(2015)이 등장한다. 1막 〈오른팔〉(Right Hand Man)에서 워싱턴 역을 맡은 배우가 "잠시만 솔직해집시다. 단 한순간이라도 마음의 방패를 내려놓고, 내가 느끼는 바를 사람들에게 말합시다"라고 랩을 내뱉자, 관객은 전쟁터의 긴장감을 체험한다. 2막 〈마지막 한 번〉(One Last Time)은 워싱턴의 고별 연설을 가스펠 리듬에 얹어, 대통령 임기 제한과 평화로운 권력 이양의 가치를 노래한다.

700

언어

George Washington

704 강연집, 수필집
조지 워싱턴의 어록

 미국 독립전쟁의 전우였던 헨리 리 장군(Henry Lee)이 워싱턴을 두고 "전쟁의 선두, 평화의 선두, 그리고 동포들의 가슴 속 선두에 선 인물(First in war, first in peace, and first in the hearts of his countrymen)"이라 추모했듯, 조지 워싱턴은 건국 이래로 수많은 혁명가·정치가·사상가들에게 가장 이상적인 지도자로 추앙되어 왔다. 20세기 역사가 제임스 토마스 플렉스너는 장문의 전기를 집필하며 그를 대체 불가능한 인물(The Indispensable Man)이라 명명했고, 오늘날에도 민주·공화주의를 신봉하는 각국의 정치인과 행동가들은 워싱턴의 연설과 서신, 일기를 탐독하며 리더십과 헌신의 가치를 되새긴다. 그렇다면 워싱턴이 남긴 언명 가운데 어떤 말들이 이들의 가슴을 두드리며 공화주의 정신에 불을 지피고 있을까? 조지 워싱턴의 대표적 어록 몇 가지를 살펴보자.

"행복과 도덕적 의무는 불가분의 관계입니다"

이 문구는 1789년 8월, 워싱턴이 미국 초대 대통령에 취임한 직후 미국 성공회 성직자들에게 보낸 답신 서한에서 나온 내용이다. 워싱턴은 국민들의 축하에 감사를 표하면서, 자신의 공적 동기가 국민 행복에 있음을 강조하였고, 특별히 인간의 행복과 도덕적 의무는 떼려야 뗄 수 없는 관계이므로, 후자를 실천함으로써 전자의 증진을 도모하고자 하겠다고 밝혔다. 도덕적 의무를 충실히 이행하는 것이 곧 인간의 행복을 증진하는 길이라고 역설한 것이다.

워싱턴의 이 발언은 개인의 윤리적 삶과 사회의 행

복이 밀접하게 연결되어 있다는 그의 신념을 보여준다. 실제 편지에서 워싱턴은 도덕과 행복의 관계를 언급하며, 국민들에게 올바른 행동을 권장함으로써 모두의 행복을 증진시키겠다는 다짐을 밝혔다. 이러한 맥락에서 볼 때, 이 어록은 국가 지도자로서의 책임감과 도덕성을 나타낸 워싱턴의 철학을 잘 보여주는 진실한 발언이다.

"나쁜 변명을 하느니 차라리 변명하지 않는 것이 낫다."

1791년 10월 30일, 워싱턴은 자신의 조카딸인 해리엇 워싱턴(Harriot Washington)에게 보낸 편지에서 조언을 건네며 이 문장을 썼다. 당시 59세였던 워싱턴은 청소년기에 있는 조카딸의 성장을 염려하여 여러 충고를 편지에 담았는데, 그중 하나로 만약 잘못을 저지르게 되거든 나쁜 변명을 하느니 변명하지 않는 편이 낫다고 강조하였다.

편지의 맥락을 살펴보면, 해리엇이 보낸 이전 편지

에 사소한 변명이 적혀 있었고, 이를 본 워싱턴은 경솔한 변명보다 솔직한 태도의 중요성을 일깨워주고자 했던 것이다. 원문에서는 "나는 그저 너에게 보여주고 싶을 뿐이란다. 어떤 실수를 저질렀을 때에 나쁜 변명을 하느니 차라리 변명하지 않는 것이 더 낫다는 것을"이라고 적혀 있다. 이러한 조언은 워싱턴 자신의 삶의 태도이기도 했다. 그는 공사(公私) 모든 일에 있어 정직을 최고의 미덕으로 여겼으며, 변명이나 거짓을 경계하였다. 실제로 워싱턴은 정직이야말로 최선의 정책이라는 격언을 공적인 업무와 사적인 삶 모두에 똑같이 적용해야 한다고 믿었고, 자신도 정직한 사람이라는 평판을 지키는 것이 가장 부러운 칭호라고 말할 만큼 청렴결백을 중요시하였다.

"모든 국가에 대한 선의와 정의를 지키고, 모두와 평화와 화합을 이루라."

1796년 퇴임을 앞두고 발표한 유명한 고별사에 등장하는 구절로, 워싱턴의 대외정책 원칙을 잘 보여주는 발언이다. 고별사는 그가 대통령직을 마치며 국민들에게 남긴 정치적 유언과도 같은 글로서, 여기서 전반적으로 워싱턴은 편파적 동맹이나 적대를 경계하고 공정하고 평화로운 외교를 권고하였다. 워싱턴은 이처럼 미국이 국제 관계에서 정의롭고 우호적인 태도를 견지해야 함을 강조하였다.

실제 문맥에서 그는 종교와 도덕이 우리에게 이렇게 행하도록 명령한다며 선의와 정의에 기반한 외교가 도덕적 의무일 뿐 아니라 훌륭한 국가 정책임을 역설하였다.

"전쟁에 대비하는 것은 평화를 유지하는 가장 효과적인 수단 중 하나이다."

워싱턴은 강한 국방이 평화를 지킨다는 신념을 갖고 있었고, 그 생각을 분명하게 표명한 적이 있다. 이 어록은 1790년 1월 8일, 워싱턴이 대통령 자격으로 새해에 올린 첫 번째 연두교서*에서 나온 구절이다. 그는 신생 공화국의 의회에 국가 안보의 중요성을 역설하며 이와 같이 말했다.

"여러분이 다뤄야 할 수많은 현안 가운데서도 공동 방위 체계 마련은 특히 각별한 관심을 기울여야 할 사안입니다. 전쟁에 대비하는 일은 평화를 지키는 가장 실효성 높은 방법 가운데 하나이기 때문입니다."

이는 워싱턴 재임 기간 동안 미국의 안보 정책을

---

* 연초에 미국 대통령이 상·하원 합동회의장에서 국정의 방향을 밝히는 연설

관통하는 격언으로 자리잡았다.

"애국자인 척하는 거짓된 행태를 경계해야 한다."

워싱턴은 거짓 애국심의 위험성에 대해서도 경고의 말을 남겼다. 애국하는 척하는 거짓된 행태(impostures of pretended patriotism)를 경계하라는 이 표현은 1796년 고별사의 마지막 부분에 등장하며, 워싱턴이 퇴임을 앞두고 국민에게 준 충고이다. 그는 고별사 전체를 통해 당파 싸움과 외세 개입의 폐해를 경고하였는데, 결론 부분에서 만약 자신의 조언들이 당파의 분노를 누그러뜨리고, 외국의 간계에 대한 경계를 일깨워주며, 애국자인 척하는 것을 경계하는 데 조금이라도 도움이 된다면 자신은 보람을 느낄 것이라고 밝혔다. 여기서 애국자를 가장한 거짓된 행태는 당시에나 지금이나, 국익을 빙자한 사리사욕과 선동을 일컫는다.

"언론의 자유를 빼앗긴다면, 우리는 벙어리로 침묵한 채 도살장에 끌려갈 것이다."

언뜻 보면 현대 민주주의 원칙을 설명하는 듯한 이 강렬한 문구 역시 워싱턴 한 말이다. 다만 흥미롭게도, 이 발언이 나온 맥락은 헌법상의 언론의 자유를 옹호하기 위한 법정 연설이나 공식 문서가 아니라, 1783년 미국 독립전쟁 막바지에 워싱턴이 군 지휘관으로서 행한 유명한 뉴버그 연설이었다.

1783년 3월, 뉴욕주 뉴버그에 주둔하던 대륙군 장교들 사이에서는 받기로 한 급여와 연금이 이행되지 않을지도 모른다는 불만이 커져 반란 조짐이 일어났다. 워싱턴은 은퇴를 앞둔 시점이었지만 군인들을 달래기 위해 직접 장교들 앞에 나섰고, 진심 어린 연설로 사태를 수습하였다. 그 연설에서 워싱턴은 폭력을 암시하는 익명의 선동문을 비판하며, 군인들이 자유롭게 자신의 의견을 개진하는 것을 막아서는 안 된다고 역설하였다.

"헌법은 내가 결코 버리지 않을 지침이다."

이 어록은 워싱턴이 헌법에 대해 언급한 가장 유명한 문장으로, 1795년 7월 28일 워싱턴이 보스턴 행정위원회(Boston Selectmen)에 보낸 서한에서 나온 표현이다. 해당 시기 보스턴 시민들은 미국과 영국 간에 맺어진 제이 조약(Jay's Treaty)에 격렬히 반대하며 워싱턴 대통령에게 항의 서한을 보냈고, 워싱턴은 이에 대한 답신에서 자신이 취한 조치의 근거와 신념을 밝혔다. 그 답신에서 워싱턴은 조약 체결 권한이 대통령과 상원의 고유 권한임을 설명하면서, "나는 지금까지 어떤 사안이든 개인적·지역적 고려를 넘어서 미합중국 전체의 이익을 추구해왔다. 나 자신의 판단을 지나치게 신뢰하지는 않지만, 헌법은 내가 결코 버리지 않을 지침이다"라고 강조하였다.

"인내와 용기는 모든 시대에 경이로운 일을 이루어 왔다."

워싱턴은 전쟁의 어려움 속에서도 낙담하지 않고 끝까지 버티는 정신을 강조하곤 했다. 인내와 용기는 모든 시대에 놀라운 일을 이루어왔다는 이 문구는, 워싱턴이 1775년 8월 미 대륙군 북부군 사령관 필립 스카일러 장군(Philip Schuyler)에게 보낸 편지에서 한 말이다. 당시 워싱턴은 독립전쟁 개전 직후 총사령관으로서 보스턴 인근 캠브리지에 주둔하고 있었고, 스카일러 장군은 캐나다 방면으로 진군하여 영국군을 압박하는 임무를 맡고 있었다. 열악한 보급 상황과 많은 난관에 봉착한 스카일러를 격려하기 위해, 워싱턴은 8월 20일자 편지 말미에 우리의 대의가 정의롭고 동포들의 성원이 있는 한, 해결 못할 어려움은 없다. 인내심과 투지는 모든 시대에 기적을 일구어낼 것이라고 쓴 것이다.

"가슴속에 자리한 '양심'이라는 작은 천상의 불꽃을 꺼뜨리지 않도록 힘쓰라."

열네 살 조지 워싱턴이 《사교와 대화에서 지켜야 할 규칙》 제110조를 필사하며 새긴 이 격언은, 평생 그가 추구한 덕성 정치의 좌표가 되었다. 총사령관 시절 그는 도박·폭음·욕설을 금지하고 주일 예배를 독려했으며, 대통령이 되어서는 보고·회계의 투명성을 강조해 공직을 양심의 감시 아래 놓았다.

고별사에서는 헌법을 살아 있게 하는 힘이 시민 각자의 내면, 곧 양심임을 역설했다. 이 사고방식은 이후 사관학교와 시민교육으로 계승돼 내면의 통치가 외부의 통치를 가능케 한다는 교훈을 새겼다. 오늘날에도 양심의 불꽃은 미국적 도덕 자각의 상징으로, 자유와 책임의 첫 장을 밝히는 등불로 살아 숨쉰다.

800

문학

George Washington

800 문학 일반
조지 워싱턴이 사랑한 문학작품들

 조지 워싱턴은 흔히 군사 지도자이자 국부로서 기억되지만, 그의 삶을 깊이 들여다보면 문학이 중요한 나침반 역할을 했음을 알 수 있다. 정규 교육을 많이 받지 못했던 워싱턴은 책과 연극을 통해 고대와 근대의 지혜를 독학했고, 이를 바탕으로 자신의 사상과 리더십, 자기절제, 문화적 취향, 정치적 결단을 형성했다. 문학은 그에게 삶과 정치 철학의 구조적 토대였다.

고전 영웅담에서 배운
리더십과 사명감

워싱턴 시대의 엘리트들은 어릴 때부터 플루타르코스 같은 고전 작가들의 글을 탐독하며 고대 영웅들의 이야기를 접했다. 워싱턴은 비록 라틴어와 그리스어를 배우지 않았고 대학 교육도 받지 않았지만, 번역된 고전과 주변 인물들의 가르침을 통해 고전 정신을 흡수했다. 실제로 그는 플루타르코스의 《영웅전》, 율리우스 카이사르의 《갈리아 전기》, 퀸투스 쿠르티우스 루푸스의 《알렉산드로스 대왕 전기》 등을 소장하고 즐겨 읽었다. 젊은 시절 워싱턴은 카이사르와 알렉산더 대왕의 무용담에 심취하였고, 훗날 자택인 마운트버넌에 두 영웅의 흉상을 장식하려 하기도 있다. 이러한 고전 읽기는 워싱턴에게 지도자의 자질과 임무에 대한 청사진을 그려주었다. 예컨대 알렉산더의 전기는 결단력, 융통성, 부하와의 동지애, 자제력 등의 위대한 지도자에게 필요한 개인적 자질을 보여주었고, 카이사르의 전기에서는 공병 기술과 보급의 중요성, 기민한 기동과 엄격한 훈율이 승리를 좌우한다는 실용적 교훈을 얻을 수 있었다. 워싱턴은 이러한 지침들을 전장에서 실천하고자 했다. 특히 플루타르코스의 영향은 워싱턴의 전략과 행동에서 뚜렷이 드러난다. 워싱턴은 미국 독립전쟁 초반에 대담한 정면 승부보다는 파비우스 장군처럼 인내심 있게 시간을 끌며 적을 소모시키는 전략을 택했다. 로마 장군 파비우스 막시무스가 한니발에 맞서 전면전 대신 지구전을 펼쳐 최후의 승리를 거둔 이야기는 플루타르코스의 《영웅전》에 기록되어 있는데, 워싱턴은 이를 본보기로 삼아 자신의 군사 전략에 응용한 것이다.

"파비우스는 한니발과 정면 결전을 벌일 생각이 없었다. 시간·병력·물자가 넉넉한 로마가 오히려 천천히 적의 기세와 식량을 닳게 하도록 하는 데 전략의 초점을 맞추었다. 그래서 그는 언제나 산악지대에 진을 치고, 한니발이 움직이면 멀찌감치 우회해 따라붙어 결코 전투에 말려들지 않음으로써 지연 자체가

두려움이 되게 했다."

- 플루타르코스 『영웅전』

  실제로 1776년 뉴욕 전역 등 초기 패배 후 워싱턴은 전술을 수정하여 성급한 교전을 피하고 군세를 보존하는 방향으로 나아갔고, 동시대인들은 그런 그를 미국의 파비우스라고도 불렀다. 또한 워싱턴은 전쟁이 끝난 뒤 킨킨나투스처럼 권력을 내려놓고 농장으로 돌아가는 결단을 내렸는데, 이는 고전 공화정의 이상을 몸소 구현한 행동이었다. 로마의 영웅 킨킨나투스가 승리 후 독재관 지위를 스스로 반납하고 쟁기로 돌아갔듯이, 워싱턴도 독립전쟁 승리 후 군권을 의회에 반납하고 대통령직을 두 번의 임기 후 평화롭게 내려놓음으로써 미국의 킨킨나투스로 칭송받았다. 이러한 자기희생적 리더십의 이상은 그가 젊은 시절부터 읽고 들은 고전 영웅들의 행적에서 비롯된 것이었다.

스토아 철학과 공화국 시민의 덕목

워싱턴의 자기절제와 윤리관에는 스토아 철학을 비롯한 고전 공화주의 덕목의 영향이 깃들어 있다. 그는 평생 격정을 자제하고 차분함을 유지하려 애썼는데, 주변인들은 그를 두고 워싱턴은 격렬한 감정마저 석상 같은 안정감 뒤에 숨기었다고 증언했다. 실제로 워싱턴은 충분한 용기를 가져 인내할 것이라고 다짐한 적이 있는데, 이러한 자세는 스토아적 의연함과 맞닿아 있다. 젊은 시절 워싱턴은 페어팩스 가문 등 이웃 지식인들의 영향으로 고전 윤리서들을 접했고, 세네카와 키케로 같은 인물들의 저작에서 금욕과 도덕에 대한 영감을 받았다. 실제로 그의 장서 목록에는 세네카의 윤리 에세이집 등과 키케로의 『의무론』(De Officiis)이 포함되어 있었는데, 워싱턴은 이들 고전에서 가르치는 청렴, 절제, 공공정신을 자신의 삶의 지 표로 삼았다.

"우리는 결코 우리 자신만을 위해 태어난 존재가

아니다. 우리 삶의 한 부분은 조국이, 또 한 부분은 친구들이 요구한다. 인간이 서로 유대로 묶여 있음을 깨닫는다면, '덕'만큼 조국을 더 깊이 사랑하도록 만드는 힘은 없을 것이다."

-키케로의 『의무론』

특히 워싱턴의 청렴결백함과 사리사욕을 멀리함은 세네카적 가르침의 한 구현이었다. 세네카는 인간 최대의 악덕으로 탐욕을 지적했는데, 워싱턴은 이를 깊이 새겨 돈에 대한 욕심을 철저히 경계했다. 그는 독립전쟁 기간 내내 총사령관으로 복무하면서 일체의 보수를 받지 않겠다고 선언했으며, 이후 공직에 나아가서도 사적 이익과 공적 업무를 철저히 분리하려 했다. 실제로 워싱턴은 자신이 공직 봉사로 금전적 보상을 받을 때마다 몹시 난처해했고, 오히려 수치심을 느꼈다고 전해진다. 세네카의 금욕주의뿐 아니라, 키케로가 설파한 공화국 시민의 의무감도 워싱턴의 신념에 큰 영향을 주었다. 키케로의 『의무론』에서 강조되듯, 워싱턴은 조국에 봉사하는 일을 자신의 시민적 의무이자 도덕적 책무로 여겼다. 그는 조국을 섬기는 일은 나의 시민된 본분이자 도덕적 의무라는 신념 하에 사적인 안락보다 공공선을 우선했고, 심지어 사랑하는 마운트버넌 농장에서의 평온한 은거마저 기꺼이 희생할 각오를 다졌다. 이러한 윤리적 결단력은 고전에서 배운 덕목을 현실 정치에 투영한 것이었으며, 워싱턴은 이를 통해 새로 탄생한 공화국의 지도자로서 모범적인 청렴성과 헌신을 보여주었다.

혁명과 연극
애디슨의 《카토》가 준 통찰

문학 작품 중에서도 연극은 워싱턴의 정신적 지주이자 전략적 도구가 되기도 했다. 영국 작가 조지프 애디슨의 비극 〈카토〉(Cato)는 그 대표적인 예로, 워싱턴과 동시대 혁명가들에게 깊은 인상을 남긴 작품이었다. 이 연극은 로마 공화정의 영웅 카토가 독재자 율리우스 카이사르에 맞서 자유와 공화정의 가치를 지키기 위해 희생하는 이야기를 다루며, 개인의 자유와 정부의 폭정 간의, 공화주의와 군주주의 간의 갈등 같은 주제를 담고 있었다.

"우리가 앞으로 맞닥뜨려야 할 새로운 역경과 변화가 얼마나 많단 말인가! 광활하고 끝없이 펼쳐진 전망이 내 앞에 놓여 있지만, 그 위에는 그림자와 구름, 그리고 어둠이 드리워져 있구나. 나는 여기서 멈추리라. 우리 위에 어떤 힘이 존재한다면 그 힘은 덕을 기뻐할 것이다. 그리고 그가 기뻐하는 이는 반드시 행복할 테니.

그러나 언제, 어디서란 말인가? 이 세상은 마치 카이사르를 위해 만들어진 듯하다. 이제는 추측에 지쳤다. 여기서 결단을 내려야겠다."[*]

- 〈카토〉 제5막 중

〈카토〉는 18세기 영국과 미국 식민지에서 선풍적

---

[*] 카토는 로마 공화정의 마지막 수호자로, 패색이 짙어진 상황에서 스스로 죽음을 결심하며 덕은 궁극적으로 보상받지만, 현실은 카이사르의 세상이라는 대비로 초월적 정의와 현세의 부조리를 한꺼번에 드러낸다.

인기를 끌었고, 특히 미국의 혁명 세대에게 하나의 문학적 성전처럼 받아들여졌다. "자유 아니면 죽음을 달라"는 패트릭 헨리의 유명한 구호에도 〈카토〉 대사의 영향이 짙게 배어 있을 정도로, 이 연극은 미국 건국에 문학적 영감을 준 작품이었다. 워싱턴은 이 〈카토〉를 무척 아끼고 자주 접했다. 실제로 1778년 5월, 혹독한 겨울을 견뎌낸 밸리포지 군영에서 워싱턴은 병사들의 사기를 북돋우기 위해 특별히 이 연극을 상연하도록 허락했다. 당시 대륙회의는 사치와 퇴폐를 이유로 연극 관람을 금지하고 있었지만, 워싱턴은 극심한 시련을 겪은 병사들에게 정신적 활력을 불어넣는 일이 무엇보다 중요하다 판단하여 이러한 금지령을 뛰어넘었다. 5월 4일 밤, 추위와 굶주림에 지친 장교들과 함께 워싱턴은 야외 막사 극장에서 〈카토〉 공연을 관람했고, 연극 속 공화국 수호자의 담대한 모습은 장병들의 가슴에 새 희망을 불어넣었다. 역사학자들은 이 선택에 담긴 여러 의미를 해석해왔는데, 미국의 역사 학자 고든 우드는 워싱턴은 애디슨의 〈카토〉를 통해 공공의 선익에 온전히 헌신하는 스토

아직 영웅이란 것이 무엇인지 깨달았다고 평한다. 실제로 워싱턴은 이 작품 속 주인공처럼 절개 있고 애국적인 지도자상을 마음에 그렸고, 사적으로는 자신의 품행과 태도를 카토에 견주며 본받고자 했다. 〈카토〉에 담긴 메시지는 워싱턴의 정치적 결단에도 직접적인 영향을 주었다.

극중 카토는 로마의 자유를 지키기 위해 분투하지만, 끝내 뜻을 이루지 못하자 자결로 생을 마감하며 진정 명예로운 지위란 공직이 아니라 사적인 삶에 있다는 신념을 보여준다.

"저 한적한 곳에 머물며 로마의 평화를 위해 기도하리라. 남몰래 선하게 살아가는 것으로 스스로 만족하리라.

악덕이 성행하고 불경한 자들이 권세를 잡을 때, 참된 명예의 자리는 공직이 아니라 사적인 삶 속에 있느니라." - 카토 제4막 중

워싱턴은 이 대사에 큰 감명을 받았고, 공직에서의

욕망을 경계하는 격언으로 삼았다. 결국 그는 독립전쟁 승리 후 국민의 열화와 같은 왕정 추진 또는 종신 집권 요청에도 불구하고, 오히려 사적 시민의 신분으로 돌아가는 길을 택했다. 애디슨의 희곡이 일깨워준 대로 명예로운 자리란 사적 생활에 있다는 신념 아래, 워싱턴은 자신의 공적 의무를 다한 뒤 미련 없이 권좌에서 물러나 버지니아 농장으로 귀환했다. 초대 대통령직도 두 번의 임기를 채운 후 스스로 퇴임함으로써 권력의 유혹을 뿌리친 그는, 사실상 〈카토〉가 노래한 공화국 미덕의 이상을 현실 정치에서 구현해 보인 것이다. 이렇게 애디슨의 문학은 워싱턴에게 사명 완수 후 은퇴하는 지도자의 이상형을 제시했고, 그는 이를 자신의 행동으로 증명하였다.

흑인 여성 혁명시인의 헌정
필리스 휘틀리의 「워싱턴 장군 각하께」

1775년 10월, 보스턴의 22세 흑인 여성 시인 필리스 휘틀리(Phillis Wheatley)는 장편 서사시 〈워싱턴 장군 각하께〉(To His Excellency General Washington)를 자필 편지에 동봉해 케임브리지 주둔 사령관 조지 워싱턴에게 보냈다. 시는 자유의 여신 컬럼비아가 깃발을 높이 들고, 폭정의 사슬을 끊으리라는 전투적 은유로 새 공화국의 이상을 노래했다.

> "천상의 합창단이여! 빛의 왕좌에 앉은 이들이여, 나는 컬럼비아(미합중국)의 영광스런 투쟁을 노래합니다. 자유를 위한 대의에 그녀의 가슴이 고동치며 찬란한 무장을 하고 번개처럼 나타납니다."

4개월 뒤 워싱턴은 직접 답신을 보내 필리스 휘틀리의 세련된 문장이 병사들에게 커다란 고무가 되었다고 감사하며, 시인을 본영으로 초청하는 파격적 예우를 했다.

이 서신 왕복은 워싱턴이 시(詩)라는 장르를 공적 담론과 군사 사기에 활용한 드문 사례였다. 휘틀리의 서사시는 곧 매거진 〈아메리칸 먼슬리〉 1776년 4월호에 실려 대륙 전역에 퍼졌고, 이 흑인 여성의 목소리는 독립전쟁의 정당성을 노래하는 대표적인 문학 작품이 되었다. 오늘날 문학사는 이를 두고 혁명기 미국 시가(詩歌)가 최초로 최고사령관의 공인을 받은 순간이라 평가한다.

워싱턴은 이후에도 이 시를 자주 활용하며 자유정신을 환기시켰다. 애국을 주제로 하는 서정시라는 새로운 문학 장르가 워싱턴의 리더십과 만나, 흑인 여성 작가와 혁명군 병사들을 하나의 상징 아래 결집시킨 셈이다.

셰익스피어와 소설 속에서 찾은 성찰

워싱턴의 문화적 취향을 들여다보면, 그는 전장에서만큼이나 극장 무대와 서재에서도 영감을 얻었던 사람임을 알 수 있다. 버지니아의 부농으로 자라난 그는 젊은 시절부터 윌리엄 셰익스피어를 비롯한 연극 공연을 즐겨 보러 다녔다. 예컨대 1773년 뉴욕을 방문했을 때 햄릿 공연을 관람했고, 1787년 필라델피아 헌법회의 중에는 셰익스피어의 희곡을 개작한 오페라를 관람한 기록이 남아 있다. 대통령이 된 후에도 그는 연극에 대한 애정을 잃지 않아, 1790년 겨울 필라델피아 대통령 관저의 다락방을 즉석 극장으로 꾸며 신임 관리들과 그 가족들이 참여한 아마추어 연극을 관람하기도 했다. 이때 공연된 작품은 공교롭게도 로마의 정치비극인 〈율리우스 카이사르〉였는데, 재무부 관료 윌리엄 듀어는 자신이 영부인과 고위 인사들 앞에서 함께 브루투스 역할을 맡았다고 회고했다. 이렇듯 워싱턴은 공적 자리에서조차 문학과 예술을 중시하여 교양과 여흥을 공유하는 지도자의 면모를 보였다. 워싱턴은 책 속의 문학적 교훈을 현실에 응용하기도 했다. 비록 그가 글 속의 구절을 직접 인용하는 경우는 드물었지만, 영국군과의 전쟁을 치르는 중이던 1778년에 헨리 로렌스에게 보낸 편지에서는 인상적인 셰익스피어 인용이 나타난다. 그는 적군이 몇몇 항구 도시를 점령할 것이라는 유언비어에 개의치 않는다며, 저들이 함락시켜봐야 결국 공허한 환상의 구조물처럼 허물어지고 말 것이라고 썼다. 여기서 환상의 구조물(like the baseless fabric of a vision)이라는 표현은 셰익스피어의 〈템페스트〉 4막 1장에 나오는 대사로, 워싱턴은 이를 빌려와 적의 허망한 승리를 예고한 것이다. 이처럼 그는 셰익스피어의 시어(詩語)를 차용해 편지의 설득력을 높이고 자신의 견해를 극적으로 전달했다. 또한 워싱턴은 셰익스피어 작품을 일련의 통치의 거울로 여겼다. 그의 동료인 존 애덤스나 토머스 제퍼슨도 셰익스피어를 통해 인간 사회와 권력의 본질을 통찰했는데, 워싱턴 역시 셰익스피어 전집을 아예 마운트버넌 자택의 장서로 구비해 놓고 필요할 때마다 참고했다. 사실 당시 많은 미국 가정에서는 성경과 셰익스피어 두 권만 있을 정도로 이 극작가를 애호했고, 워싱턴도 예외가 아니었다. 셰익스피어의 극중 인물들이 겪는 영욕을 지켜보며 그는 권력의 덧없음과 도덕의 중요성을 새삼 되새겼고, 이러한 깨달음은 그의 온건함과 겸양 속에 스며들어 있었다.

문학이 빚어낸 지도자의 초상

워싱턴의 삶을 관통하는 여러 결정적 순간들 뒤에는 이렇듯 문학의 숨은 영향력이 자리하고 있었다. 그는 책장에서 고전을 펼쳐 옛 공화국의 흥망을 배웠고, 무대 위 배우들의 대사를 통해 덕과 용기를 되새겼으며, 소설 속 상상의 세계에서 인간사의 희로애락을 성찰했다. 흔히 대통령 워싱턴은 무력과 행동의 인물로 강조되지만, 실제의 그는 사색과 독서를 통해 자신을 끊임없이 연마한 사상의 인물이기도 했다. 한때 일부 전기는 워싱턴을 그저 집에 책을 진열해 놓기만 하고 깊이 읽지는 않은 사람으로 묘사하기도 했지만, 최근의 연구는 이를 반박한다. 워싱턴은 비록 제퍼슨이나 애덤스처럼 방대한 양의 저술을 남기지는 않았어도, 남몰래 900권에 가까운 장서를 모으고 정독하면서 행동의 지침을 얻었으며, 그 영향은 그의 사고방식과 실천 하나하나에 배어 있었다. 그는 문학 속 인물들을 거울삼아 자신을 수양했고, 고전의 교훈을 현실에 접목해 새 나라의 기반을 닦았다. 문학은 워싱턴에게 삶의 교과서이자 정신의 연료였다. 고전 영웅들의 위대한 품성, 스토아 철학의 도덕률, 애디슨과 셰익스피어의 예술적 통찰, 그리고 소설 속 인간 이야기들까지 이 모든 문학적 자양분이 조지 워싱턴이라는 인물을 형성했고, 그로 하여금 새로운 공화국의 초석이 되게끔 이끌었다. 문학을 통해 재조명한 워싱턴의 모습은, 그가 왜 무력뿐 아니라 미덕과 교양의 힘으로 국민의 신뢰를 얻어 영원한 지도자로 기억되는지를 잘 보여준다.

900

역사

George Washington

900 역사 일반
조지 워싱턴이
세계사에서 갖는 의미

 조지 워싱턴은 미국의 독립과 건국을 이끈 최초의 대통령이자 군사 지도자로서, 근대 민주주의의 초석을 놓은 위대한 인물로 평가된다. 그는 18세기 북아메리카 영국 식민지 버지니아에서 태어나 식민지 개척 시대의 가치관과 계몽주의 영향 아래 성장하였다. 초기에는 지주 겸 측량기사로 일하며 식민지 사회에서 경력을 쌓았고, 프렌치-인디언 전쟁에 참전하여 식민지 민병대 장교로서 군사 경험을 얻었다. 이러한 경험과 신망을 바탕으로 워싱턴은 영국의 압제에 저항하는 식민지 지도자들의 신뢰를 얻었고, 마침내 미국 독립 전쟁에서 식민지군 총사령관으로 추대되었다.

1775년부터 시작된 미국 독립 전쟁에서 워싱턴은 열악한 병력과 물자, 혹독한 자연 조건과 싸우면서도 끈기와 리더십으로 군대를 이끌었다. 여러 차례 패배와 고난에도 불구하고 그는 군대의 사기를 북돋우며 독립군을 재정비했다. 특히 1776년 겨울 델라웨어 강을 건너 적을 급습한 트렌턴 전투에서의 승리는 워싱턴의 과감한 결단과 전략이 돋보인 사례로, 독립군에 큰 활력을 불어넣었다. 혹독한 겨울 밸리 포지에서 군대를 재훈련시키고 사기를 다진 일화는 그의 희생정신과 지도력을 잘 보여준다.

워싱턴은 군 통수권자로서 식민지 13개 주의 연대와 단합을 이끌어 내어, 프랑스 등의 지원을 얻어내는 외교적 수완도 발휘했다. 1781년 요크타운 전투에서 영국군을 항복시킴으로써 그는 결국 영국에 대한 결정적 승리를 이끌어냈고, 1783년 파리 조약으로 미국의 독립을 실현하였다. 전쟁이 끝난 후 워싱턴은 승전의 영웅으로 열광적인 존경을 받았으나, 권력에 연연하지 않는 겸양을 보여주었다. 그는 군사적 성공을 개인의 권좌로 삼지 않고 돌연 모든 군직에서 물러나 고향인 버지니아의 마운트 버논으로 돌아갔다. 워싱턴은 독립군 총사령관직을 스스로 내려놓음으로써 고대 로마의 장군 킨킨나투스에 비견되는 모습으로 역사에 남았다. 이러한 행보는 새로 탄생한 미국이 군사 영웅의 독재로 흐르지 않고 공화국의 길로 나아가게 한 결정적인 사건이었다.

이후 워싱턴은 다시 한 번 국민의 부름을 받으며, 1787년 미국 헌법 제정회의 의장으로 추대되었다. 그는 회의를 주재하며 각 주 대표들 사이의 합의를 이끌었고, 새 헌법 아래 강력한 연방 정부와 삼권분립 체제가 탄생하는 데 기여했다. 1789년 만장일치로 초대 대통령에 선출된 워싱턴은 새로운 국가의 체제를 잡아가는 막중한 임무를 맡았다. 그는 행정부를 조직하면서 토머스 제퍼슨, 알렉산더 해밀턴 등 다양한 견해의 인물을 내각에 기용하여 통합의 리더십을 보였다. 대통령으로서 워싱턴은 국왕에 버금가는 권위로 행정부를 이끌었지만, 스스로를 겸손하게 미합중국 대통령으로 칭하며 군주제와 선을 그었다.

그는 강력한 연방 정부의 권위 수립과 동시에 법치와 권력 제한의 원칙을 보여주었다. 대내적으로 워싱턴은 위스키 반란(1791-1794)과 같은 사태에서 연방 정부의 법 집행력을 단호하게 보여주어 신생 국가의 질서를 바로잡았다. 반란을 진압한 뒤에는 반군 지도자들을 사면함으로써 국민 통합을 도모하는 관용도 실천했다. 대외적으로는 중립 외교 정책을 통해 미국이 유럽 열강의 전쟁에 휘말리지 않도록 신중을 기했다.

프랑스 혁명과 이어진 나폴레옹 전쟁 기간에 워싱턴은 미국의 취약한 입장을 고려해 영구 동맹을 지양하고, 영국과의 통상 관계 안정을 위해 제이 조약을 체결하는 등 현실적인 선택을 했다. 이러한 조치들은 당시에는 논란도 있었으나, 워싱턴은 국가 생존과 통합을 최우선에 두고 초당적 지도자로서 국민을 설득했다.

1796년, 워싱턴은 두 번째 임기를 끝으로 스스로 권좌에서 물러나겠다는 뜻을 밝혔다. 그는 대통령 재임 중 당파 정치가 나타나는 것을 우려하여 무소속의 입장에서 통치를 해왔고, 정권 이양의 선례를 남기고자 했다. 퇴임 직전에 발표한 유명한 고별사에서 워싱턴은 국내적으로 지역과 파벌 간 분열을 경계하고, 국제적으로는 어느 한쪽에 치우친 동맹을 맺지 말 것을 충고하며 미래의 미국에 대한 자신의 철학을 남겼다.

스스로 2기 임기 후 권력에서 물러난 결정은 이후 미국 민주주의의 전통이 되었고, 훗날 미국은 그의 선례를 따라 대통령의 연임을 제한하는 헌법 규정을 마련하게 된다. 워싱턴은 재임 중에도 사적인 권력 축적을 경계하여 임금을 받는 공직자의 본보기를 보였고, 임기 후에는 평범한 시민으로 돌아감으로써 떠나는 때를 아는 지도자의 모범을 보였다. 이러한 그의 행동은 민주공화정의 이상이 현실 정치에서 구현될 수 있음을 보여준 사건으로, 동시대인들뿐 아니라 후세에 큰 감명을 주었다.

사후의 영향과 세계사적 의의

1799년 12월 워싱턴이 세상을 떠나자 미국은 건국의 아버지를 잃은 깊은 슬픔에 잠겼다. 워싱턴의 장례와 추모 행사는 전국적으로 거행되어 신생 미국의 통합을 더욱 공고히 했다.

그의 죽음에 대한 애도는 바다 건너 유럽에도 퍼져나갔다. 프랑스의 통령이었던 나폴레옹 보나파르트는 워싱턴 서거 소식을 듣고 프랑스 전역에 이례적인 장기 애도 기간을 선포하여 미국의 초대 대통령에 대한 경의를 표했다. 이는 어떤 프랑스 통치자도 다른 나라 인물에게 내려준 적이 없을 정도의 예우로서, 워싱턴이 전 세계적으로 존경받는 지도자였음을 보여준다.

워싱턴과 개인적으로 친분이 두터웠던 프랑스 혁명의 영웅 마르키스 라파예트 역시 깊이 슬퍼하며 추모했다는 기록이 전해진다. 라파예트는 살아생전인 1790년에 바스티유 감옥의 열쇠를 워싱턴에게 보내 프랑스 혁명의 상징을 헌정하기도 했는데, 워싱턴은 그 열쇠를 저택에 걸어두고 소중히 간직하며 자유의 이상을 공유했다. 이처럼 워싱턴은 미국을 넘어 유럽의 자유주의자들에게도 새로운 시대의 영웅으로 인식되었다. 워싱턴의 세계사적 의의는 특히 19세기 이후 수많은 민족 지도자들에게 영향을 끼쳤다는 점에서 드러난다. 라틴아메리카의 해방 영웅 시몬 볼리바르는 워싱턴을 깊이 존경하여 자신이 해방운동에 바친 삶을 그의 업적에 비견하곤 했다. 볼리바르는 워싱턴이 남긴 유산을 가리켜 "인류가 얻을 수 있는 최고의 영예"라고 칭송하며, 워싱턴을 사회 개혁의 고결한 수호자로 묘사했다. 실제로 볼리바르는 "남미의 워싱턴"이라는 별칭으로 불릴 만큼 워싱턴의 혁명 정신을 계승하려 했다.

미국 독립혁명의 성공 사례와 워싱턴의 지도력은 스페인 식민지배에 맞선 라틴아메리카 각국의 독립운동가들에게 큰 영감을 주었다. 그뿐만 아니라 이탈리아의 가리발디, 인도의 간디, 터키의 아타튀르크 등 각 지역의 국민국가 창설자들에게도 워싱턴의 업적은 하나의 모범이자 기준으로 언급되었다.

훗날 많은 신생 공화국의 국민들은 자기 나라 건국의 아버지를 일컬을 때 우리의 워싱턴에 해당하는 인물로 칭하게 되었다. 이처럼 워싱턴은 전 세계 자유 독립 운동의 상징적 존재로 자리매김하였다.

워싱턴의 유산과 현대적 평가

워싱턴이 남긴 가장 큰 유산은 민주주의 공화국의 운영 원칙을 몸소 실천했다는 점이다. 그는 군주의 시대에 국민의 힘으로 세운 나라에서 권력의 유한성과 시민의 역할을 강조함으로써, 통치자가 어떠해야 하는지에 대한 새로운 모델을 제시했다.

사회적으로 워싱턴은 국민 통합의 상징이었다. 지역과 계층이 다른 식민지 주민들이 하나의 국민으로 거듭나는 데 그의 존재가 큰 구심점이 되었다. 정치적으로 그는 입헌질서와 법치주의의 중요성을 보여주었고, 대통령제라는 새로운 제도가 정착하도록 이끌었다. 군 통수권자인 동시에 민간 통치자로서 군주의 빈자리를 메운 지도력은 세계 여러 나라에 미국식 대통령제의 롤모델이 되었다. 철학적으로도 워싱턴은 추상적 이념이 아닌 덕성과 솔선수범으로 민주주의를 실현할 수 있음을 입증했다. 권력 욕심을 자제하고 공익을 우선시한 그의 행동은 훗날까지 이상적인 지도자의 덕목으로 거론된다. 오늘날까지 전 세계에서 워싱턴은 자유와 지도력의 대명사로 기억되고 있다.

마지막으로, 워싱턴은 문화적 아이콘으로서도 막대한 영향을 남겼다. 미국의 수도 워싱턴 D.C.와 워싱턴주에 그의 이름이 붙여진 것은 그의 업적을 국가 정체성의 일부로 기념하는 것이다. 미국의 1달러 지폐와 25센트 동전에는 워싱턴의 초상이 새겨져 있으며, 그의 얼굴은 마운트 러시모어 거대 조각상에도 새겨져 있어 국가의 상징으로 자리 잡았다.

"내가 베어난 벚나무를 제가 베었습니다"라는 어린 시절의 정직한 고백 일화(조지 워싱턴과 벚나무 이야기)처럼, 워싱턴은 미국 문화에서 절대적 정직성과 도덕성의 상징으로 미화되기도 했다. 물론 이러한 일화 중 일부는 신화적 요소가 가미되었으나, 그것조차 워싱턴이 대중에게 도덕적 이상으로 인식되었음을 보여준다.

역사화가 에마누엘 로이체의 명화 〈델라웨어 강을 건너는 워싱턴〉(1851)처럼 수많은 예술 작품이 워싱턴의 위업을 묘사하고 있고, 각종 전기와 소설, 연극과 영화에서 그의 생애가 거듭 다루어졌다. 현대 대중문화에서는 때때로 워싱턴을 소재로 한 패러디나 가상 역사물이 나오기도 하지만, 대체로 그는 품위 있고 위엄 있는 지도자의 표상으로 묘사된다.

워싱턴이 평생 지킨 원칙과 행동은 오늘날에도 미국 민주주의의 뿌리로서 존경받고 있다. 그는 완전무결한 성인이 아니라 인간적인 고뇌와 한계도 가진 인물이었으나, 그럼에도 불구하고 시대를 앞선 통찰로 새 나라의 방향을 올바르게 제시한 현대 민주 지도자의 원형이었다.

조지 워싱턴이라는 이름은 이제 한 사람의 이름을 넘어, 공화국의 수호자, 헌법의 수호자, 국민의 아버지를 상징하는 말이 되었다. 워싱턴이 인류 역사에 남긴 유산은 자유를 향한 열망과 책임 있는 지도력의 가치를 일깨워주며, 그의 삶은 민주주의의 영원한 교과서로 남아 있다.

조지 워싱턴의 영향력 평가

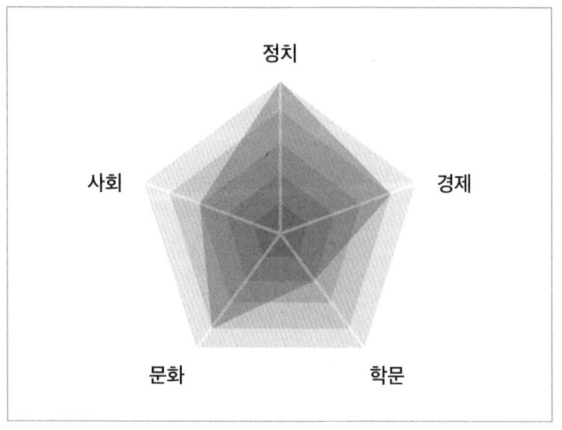

정치 (5점)

조지 워싱턴은 미국 독립전쟁을 군사적·정치적으로 성공으로 이끌었고, 헌법제정회의 의장으로서 신생 공화국 헌법 수립에 크게 기여했다. 독립 후 대륙군 총사령관에서 물러나 군권을 의회에 반납하는 결단을 보여 왕정으로 흐를 가능성을 차단했고, 두 차례 대통령 임기를 마친 뒤에 스스로 은퇴함으로써 민주 공화정 체제의 안정적 전례를 확립했다.

경제 (4점)

독립 직후 미국은 재정이 열악하고, 여러 주(州) 간 이해관계가 달랐으며, 전쟁 피해가 컸다. 워싱턴은 대통령 재임 기간, 재무장관 알렉산더 해밀턴의 경제 정책(국채 정리, 제조업 장려, 국립은행 설립 등)을 지지하여 연방정부 재정 확립에 기여했다. 스스로 재무 정책의 설계자가 되지는 않았으나, 해밀턴의 강력한 재정 계획을 적극 지지하고 합의점을 찾도록 조정함으로써 신생 국가의 경제 운영 체계를 잡아 준 역할을 했다. 다만 워싱턴이 직접 산업 혁신이나 무역·관세 제도를 구체적으로 설계했다기보다는, 정치적 권위를 활용해 안정적으로 뒷받침했다는 평가가 주류다.

사회 (3점)

워싱턴은 대규모 사회 개혁이나 복지제도 도입을 주도하진 않았으나, 독립 후 사회 통합과 연방 체제 내 국민 단합을 위해 노력했다. 임기 중에는 새로운 주 편입과 정착, 우편·도로·운하 건설 등 공익 사업을 장려했다. 다만 노예제에 대해 뚜렷한 해방 정책을 추진하지 않았고, 농민·노동자 권익을 대변하는 적극적 행보를 보이지 않았다는 점에서는 사회 개혁자로 보기 어렵다.

문화 (4점)

조지 워싱턴은 스스로 예술창작 활동을 한 것은 아니지만, 미국 독립·건국 문화의 상징이자 국가 정체성 형성에 결정적 영향을 미쳤다. 그가 남긴 행적(독립전쟁, 대통령 취임, 자발적 은퇴)은 수많은 회화·조각·문학·연극 등으로 재현되어, 미국 문화와 예술을 풍부하게 하는 원천이 되었다. 독립 이후에는 공공도서관이나 언론의 발전, 교육 제도 강화 등에 긍정적 태도를 보이며, 미국인들의 지적·문화적 성장 기반에 기여했다.

학문 (2점)

워싱턴은 방대한 편지·일기를 남겨 사료적 가치가 매우 높지만, 엄격한 의미에서 학문적 체계를 정립하거나 저술 활동을 통해 이론을 제시한 학자는 아니었다. 대학·과학연구소 설립을 직접 주도하거나, 사상적 이론서를 쓴 적은 없다. 정치·외교·군사 분야에서 실천적 통찰을 보여 주었을 뿐, 학문 연구자로 활동한 사례는 거의 없다.

사서의 북 큐레이션

『조지 워싱턴』

강성학 지음, 박영사, 2020

고려대 정치외교학과 강성학 명예교수가 집필한 평전으로, 워싱턴의 카리스마적 리더십에 관한 건국기의 원형을 탐구한다. 시민군 지휘관 시절부터 초대 대통령 재임·외교정책·유산까지 사건별로 서술해 워싱턴 리더십의 변천을 다각도로 조망한다.

『세계위인전 : 조지 워싱턴』

컴펜 지음, 컴펜, 2021

2021년 11월에 나온 어린이 인물 시리즈로, 만화·삽화·연표를 통해 워싱턴의 생애와 독립전쟁을 100쪽 남짓 분량에 압축했다.
체리나무 일화, 트렌턴 전투 등 핵심 에피소드를 대화체로 풀어 초등 고학년 독자가 흥미를 잃지 않도록 구성했다.
퀴즈·용어풀이 코너가 포함돼 역사 수업 보조 자료로 활용되며, 단계식 학습 체계가 특징이다.

『조지 워싱턴 : 독립 전쟁을 승리로 이끈 미국의 초대 대통령』

로버타 에드워즈 글, 트루 켈리 그림,
김재홍 옮김, 을파소, 2010

'Who Was?' 시리즈 한국어판 제 28권으로, 112쪽의 흑백 일러스트·연표·지도 덕분에 초중등용 워싱턴 입문서로 널리 읽힌다. 버지니아 유년기부터 대통령 퇴임까지를 12장으로 나누었다. 본문 난이도를 초등 5-6학년 눈높이에 맞춰 간결한 문장·풍부한 삽화로 전달해 토론 수업 및 독서록 과제에 적합하다.

『미국 독립전쟁 : 조지 워싱턴의 리더십을 중심으로』

김형곤 지음, 살림, 2016

살림지식총서 551권으로, 오합지졸 독립군이 어떻게 세계 최강 영국군을 꺾었는지를 조지 워싱턴의 리더십에 집중해 해설하려는 입문용 해설서다. 전후 과제까지 다뤄 "전쟁 지도자에서 헌정 지도자로"라는 변화 과정을 입체적으로 보여준다. 지도와 인포그래픽을 최소화하고 간결한 개념 해설·칼럼형 삽화로 읽기 부담을 낮춰 대학 교양·수능 논술 참고서로 자주 추천된다.

사서의 북 큐레이션

『Washington : A Life』
Ron Chernow, Penguin Press, 2010

퓰리처상을 받은 론 처노의 전기 『Washington: A Life』은 방대한 자료로 조지 워싱턴을 신화적 국부에서 모순과 감정을 지닌 인간으로 되살린다. 저자는 워싱턴의 사료를 모두 총망라해 군사 전략가, 토지경영인, 초대 대통령으로서의 복합적 면모를 입체적으로 조명한다. 특히 노예제에 대한 내적 갈등과 자발적 권력 이양 과정을 심층 분석해, 미국 국가 정체성 형성에 기여한 리더십의 이면을 드러낸다.

『His Excellency : George Washington』
Joseph J. Ellis, Alfred A. Knopf, 2004

워싱턴을 권력의 덕목을 체현한 현실적 지도자라는 관점에서 압축적으로 재구성한다. 개인 서신과 전쟁 일지를 꼼꼼히 대조해, 신화적 영웅이 아닌 야망과 두려움 속에서 고뇌한 인간 워싱턴의 내적 궤적을 드러낸다. 책은 트렌턴 기습·헌법 제정·중립선언 등 결정적 순간을 중심 축으로 삼아 리더십의 전략적 계산과 도덕적 한계를 동시에 분석한다.

『In the Hurricane's Eye : The Genius of George Washington and the Victory at Yorktown』

Nathaniel Philbrick, Viking, 2018

내러티브 역사로 정평이 난 너새니얼 필브릭이 1781년 요크타운 승리를 '해전의 과학과 워싱턴의 전략적 직관'이라는 관점에서 재해석한 384쪽 분량의 연구서다. 프랑스 함대가 체사피크만을 봉쇄하는 과정과, 워싱턴이 해·육군 합동작전을 설계하며 대륙군 사기를 반전시킨 과정을 서술한다.

『Washington's Crossing』

David Hackett Fischer, Oxford University Press, 2004

델라웨어 강 도하와 트렌턴·프린스턴 전투를 '역사를 바꾼 10일'로 재구성한 전술사 교본. 지도·당시 신문 삽화·전투명령서를 세밀하게 대조해, 워싱턴의 기습 작전이 패배 직전 식민지군 사기를 반전시킨 분수령임을 입증한다.

초　판 1쇄 발행 2025년 6월 20일

지은이 김현정

펴낸이 김민성
편　집 이성은
디자인 한지원

펴낸곳 구텐베르크
주　소 경기도 수원시 영통구 광교로156 광교비즈니스센터 6층
전　화 070-8019-3287　　　　　　**메　일** team@gutenberginc.com
인스타그램 @gutenberg.pub　　　　**블로그** blog.naver.com/gutenberg_

- 이 책은 저작권법에 따라 보호를 받는 저작물이므로 무단 전재와 무단 복제를 금지하며, 이 책 내용의 전부 또는 일부를 이용하려면 반드시 저작권자와 도서출판 구텐베르크의 동의를 받아야 합니다.
- 책값은 뒤표지에 있습니다. 잘못된 책은 구입처에서 교환해 드립니다.

ISBN　979-11-990617-4-3　　02990

새로운 시대를 위한 영감, 구텐베르크 출판사입니다. 좋은 도서만을 제작하겠습니다.